Christl Wickert

Zwischen Familie und Parlament

Sozialdemokratische Frauenarbeit in
Südniedersachsen 1919 — 1950

am Beispiel von
Hann. Münden und Einbeck

D1729922

SOVEC-VERLAG
Kassel

Christl. WICKERT, geb. 1953 in (Bonn-) Bad Godesberg, Lehramtsstudium der Geschichte, Germanistik und Pädagogik in Trier und Göttingen, promoviert z.Zt. die weiblichen SPD-Abgeordneten im Deutschen Reichstag und preußischen Landtag der Weimarer Republik, 1970 - 1975 Juso-Arbeit, seit 1975 in der autonomen Frauenbewegung.

CIP-Kurztitelaufnahme der Deutschen Bibliothek

Wickert, Christl:
Zwischen Familie und Parlament: sozialdemokrat. Frauenarbeit in Südniedersachsen 1919 - 1950/ Christl. Wickert. Mit e. Nachw. von Inge Wettig- Danielmeier. - Kassel: SOVEC, 1983.
ISBN 3-923147-12-0

© SOVEC-Verlag Kassel
Alle Rechte vorbehalten
Umschlaggestaltung: Horst Merck
Umschlagphoto: Helene Weigel als Mutter Courage
Druck: Grafische Werkstätten GmbH, Kassel

Gliederung

Für Auguste Jünemann

Mir war durch die Versammlungen
eine neue Welt erschlossen worden,
und alles in mir drängte nach einer
Betätigung. Ich wollte mithelfen und
mitkämpfen ..., unter diesen Ein-
flüssen war ich eine ganz andere geworden.

Clara Zetkin, 1889

Einleitung

Seit zehn Jahren gibt es innerhalb der SPD wieder eine sich als eigenständig verstehende Frauenorganisation, die Arbeitsgemeinschaft Sozialdemokratischer Frauen (ASF).

ASF-Gruppen bestehen inzwischen selbst in Kleinstädten: Frauen haben die Aufbauarbeit auf lokaler, regionaler und bundesweiter Ebene in mühsamen Auseinandersetzungen innerhalb der SPD auf sich genommen.

In der Geschichte der Partei ist dies die **vierte Welle der Selbstorganisation** von Frauen:

1. zwischen 1908 und 1914
2. in den 20er Jahren
3. 1945 - 1950
4. seit 1973

Die Probleme sind (leider noch) nicht grundsätzlich einfacher geworden. Es ist durchaus ein Zeichen dafür, daß wenig oder nicht bekannt ist, welche Arbeit Frauen an der Basis in der Geschichte der Sozialdemokratie "unten" in der Organisation geleistet haben. Selbst die frühere zentrale Agitationsarbeit - die Werbung für das aktive Vertreten der Forderungen - ist kaum bekannt.

Die Zeit vor 1914 wird allenfalls mit dem Namen Clara Zetkin verbunden, die auch aktiv in die theoretischen Auseinandersetzungen der SPD eingriff. Sie gilt als Initiatorin der Proletarischen Frauenbewegung und damit der **ersten Welle** von Frauenselbstorganisation in der SPD. Sie trat erstmals 1889 innerhalb der Arbeiterbewegung für die Befreiung der (proletarischen) Frau ein.

Der wegbereitende Leitfaden für die Vorstellung von der Stellung und Zukunft der Frauen in der Arbeiterbewegung war August Bebels Buch "Die Frau im Sozialismus"[1]. Seine Kernthese "Dem Sozialismus gehört die Zukunft, das heißt dem Arbeiter und der Frau."[2] gründet in der Überlegung, daß die sozialistische Gesellschaft die im Verlaufe der Geschichte verlorene Freiheit der Frau auf der höheren Ebene einer neuen Gesellschaftsordnung wieder herstelle. Die Unterdrückung der Frau als Geschlechtswesen bedeutet nach Bebel eine Gemeinsamkeit mit dem Proletariat. Beide werden sich erst im Sozialismus emanzipieren.

Clara Zetkin erweiterte diese Überlegungen dahingehend, daß die Erwerbsarbeit der Frauen das einzige Mittel zu ihrer Befreiung aus der "Geschlechtssklaverei" sei[3]. Sie und andere führende Frauen (z.B. Emma Ihrer und Louise Zietz) nahmen den Kampf auf drei verschiedenen Ebenen auf:

1. Zur Durchsetzung der Forderungen der Arbeiterbewegung im allgemeinen
2. Zur Durchsetzung der Rechte und Möglichkeiten der Frauen innerhalb der Arbeiterbewegung

3. Für die Beteiligung der Frauen an den innerparteilichen Auseinandersetzungen 1892 schon machte die SPD im "Erfurter Programm" das Frauenwahlrecht zu einer ihrer Hauptforderungen und war damit die einzige Partei überhaupt, die die Frauen in dieser Frage unterstützte. Bis 1908 war jedoch Frauen in weiten Bereichen des Deutschen Kaiserreiches gesetzlich die Mitgliedschaft in politischen Parteien verboten. In der SPD unterlief man dieses Verbot durch das "Vertrauenspersonensystem": Auf örtlicher Ebene wurde in öffentlichen - als Lese-, Informations- oder Dienstmädchen- versammlungen getarnte - Veranstaltungen eine Vertrauensperson gewählt, die die poli- tische und organisatorische Arbeit unter den Frauen leisten sollte, die sich den Ideen der Arbeiterbewegung nahe fühlten. Auf regionaler Ebene wiederum sammelten "Ver- trauenspersonen" diese Erfahrungen. Organisatorisch wurden diese Aktivitäten von einer "Zentralvertrauensperson" zusammengehalten. Auf den ersten Blick klingt das alles sehr erfreulich. Es gab aber in der Arbeiterbewegung eine nicht unbedeutende Mehrheit Männer, die besonders den Forderungen nach Frauenerwerbsarbeit und besseren Arbeitsschutzbedingungen besonders für Frauen sehr distanziert bzw. ab- lehnend gegenüber standen und schon gar nicht politische Arbeit bei ihren Ehefrauen unterstützt hätten. Selbst die Forderung nach Lohngleichheit bei Frauen und Männern, die einen Teil des Konkurrenzkampfes ausgeschlossen hätte, fand keine bemerkens- werte Unterstützung. Sie fürchteten schärfere Konkurrenz um die Arbeitsplätze und den Verfall der Familien. Zugleich war in einer Zeit, in der von familienergänzenden, öffentlichen Kinderbetreuungsformen nur geträumt werden konnte, die Fixierung von Arbeiterinnen auf die Hausfrauenrolle mehr als ein Stück bürgerliche Ideologieüber- nahme: Es war Ergebnis des Alltagselends.

Bis 1908 existierte unter dem Druck der Frauen ausschließenden Vereinsgesetzgebung die Frauenbewegung innerhalb der SPD als relativ selbstständige Organisation. Nach und nach gab es auch weibliche Delegierte auf den Parteitagen, aber letztendlich be- zogen nur Clara Zetkin und Rosa Luxemburg (die sich ausdrücklich nicht primär der Frauenbewegung zugehörig fühlte) als einzige Frauen auf Parteitagen und in theore- tischen Auseinandersetzungen Position: Sie kritisierten die reformistische Anpassung der Arbeiterbewegung an die wilhelminische Gesellschaft. Versuche von seiten des Parteivorstandes, die Frauenbewegung nach 1908 stärker an die Partei anzubinden und damit auch Kritik an seinen Vorstellungen zu unterbinden, scheiterten letztendlich am Widerstand Clara Zetkins und den Strukturen der Organisation, die sich nicht von einem auf den anderen Tag umwerfen ließen.

In der Zeit vor dem ersten Weltkrieg verzeichnete die proletarische Frauenbewegung einen beachtlichen Aufschwung: Von 4.000 weiblichen Mitgliedern (1905), über 29.458 (1908) auf 141.115 (1913), während gleichzeitig die Auflage der von Clara Zetkin herausgegebenen sozialdemokratischen Frauenzeitung "Die Gleichheit" von 4.000 (1900), über 23.000 (1905) und 77.000 (1909) auf 112.000 (1913) angestiegen war. Dagegen ist eine entsprechende Zunahme weiblicher Delegierter auf den Parteitagen ni~ ' 'estzustellen: 1906 waren es 29, 1909 17 und 1913 waren es auch nur 29[4]. Allein diese Zahlen machen deutlich, daß den Frauen in der SPD auf den Parteitagen eine Diskussion über Inhalte und Strategien, wie sie sie eigentlich von ihrer Programmatik her befürwortet haben, nicht möglich war. Sie organisierten in unregelmäßigen Abständen eigene "Sozialdemokratische Frauentage". Dies war die **erste Welle sozialdemokratischer Frauenaktivitäten:** Sie beschränkten sich allerdings im wesentlichen auf die Großstädte. Frauen beteiligten sich in den Wahlkämpfen und in der Mitgliederwerbung ebenso wie in der politischen Aufklärung.

In die Zeit der Weimarer Republik fällt die **zweite Welle.** 1919, nachdem die SPD den Frauen das Wahlrecht zugesprochen hatte, um ihre Forderung nach politischer Gleichberechtigung umzusetzen, zugleich aber in Hoffnung auf die Vergrößerung des eigenen Wählerpotentials, mußte sie die Frauenarbeit auf eine breitere Basis stellen. Die SPD-Frauenbewegung war seit der Spaltung der Arbeiterbewegung 1917 direkt der Partei unterstellt. Der Einfluß der Frauen auf die Politik der Gesamtpartei und ihre Programmatik war in den folgenden Jahren der Republik gleich Null. Die Männer wollten sie überhören. Denn aus den Reihen der weiblichen Reichstagsabgeordneten kamen zwar zahlreiche Vorschläge zur Abschaffung bzw. Liberalisierung des § 218, zur Reform des Unehelichenrechts, zur Ehescheidungsreform, zur Schulreform etc.. Sie scheiterten aber z.T. schon an Wiederständen in der eigenen Partei.

Als die erhofften Wahlmehrheiten ausblieben und der Anteil der weiblichen Mitglieder von 207.000 1919 auf 130.000 im Jahre 1923 sank (s. Tabelle 5, S. 54), setzte Marie Juchacz, als Mitglied des Parteivorstandes und Leiterin des Frauenbüros beim Parteivorstand für die Frauenarbeit verantwortlich, alle Hoffnungen auf Initiativen zur Gründung von Frauengruppen besonders in Kleinstädten und auf den Dörfern. In dieser **zweiten Welle sozialdemokratischer Frauenorganisation** wurden zunächst alle Genossen aufgefordert, ihre Frauen und Töchter als Mitglieder anzumelden. Vielfach ging die Initiative zur Gründung von Frauengruppen zunächst einmal von den Ortsvereinsvorständen aus. Dagegen bildete ein Freiraum für Frauenaktivitäten, der von Männern nicht angetastet wurde, die Arbeiterwohlfahrt: Sie war 1919 als soziale Selbsthilfeorganisation der Arbeiter gegründet worden. So wie Marie Juchacz in Personalunion Vorsitzende der Arbeiterwohlfahrt und Führerin der Sozialdemokratischen Frauenbewegung war, wiederholte sich dies auf regionaler und örtlicher Ebene.

Auffallend erfolgreich waren diese Bestrebungen im damaligen Unterbezirk Göttingen, wo die Frauen ab 1924 jährlich Frauentage organisierten, die ihre Arbeit koordinieren u. ihrem Erfahrungsaustausch dienen sollten. Eine solche aktive Organisation entsprach durchaus den Vorstellungen und Vorschlägen sozialdemokratischer Frauenarbeit, wie sie allerdings in dieser Weise nur in wenigen anderen Unterbezirken verwirklicht wurden[5]. In der vorliegenden Arbeit habe ich die Frauengruppen in Hann. Münden und Einbeck im Rahmen des Unterbezirks Göttingen untersucht: 1922/1923 wurde die "Sozialistische Frauengruppe" in Hann. Münden und 1924 die "SPD-Frauengruppe" in Einbeck gegründet. Beide Gruppen verstanden ihre Arbeit in engem Zusammenhang mit den sozialdemokratischen Vereinen am Ort.

Die Arbeit der SPD-Frauen läßt sich im Rahmen des Unterbezirks bis zur Machtergreifung Hitlers rekonstruieren. Die Gruppen wurden danach aufgelöst, die Frauen zogen sich ins Privatleben zurück. Nur Sophie Werzeiko in Münden war kurzfristig im Widerstand[6].

Nach Ende des zweiten Weltkrieges waren zunächst Frauen am Neuaufbau der Frauengruppen beteiligt, die ihre ersten politischen Erfahrungen in der Weimarer Republik gesammelt hatten. Sie orientierten sich in dieser **dritten Welle** sozialdemokratischer Frauenarbeit von unten an den Erfahrungen der 20er Jahre. Zu Beginn der 50er Jahre übernahmen jüngere Frauen ihre Aufgaben, das Wissen um die Erfahrungen der Vergangenheit konnte wahrscheinlich aufgrund des Bruches durch den Nationalsozialismus nicht genügend weiter vermittelt werden. SPD-Frauenarbeit schlief auf allen Ebenen ein.

Da nirgendwo Unterlagen über Frauenarbeit systematisch gesammelt worden sind und zudem durch den Nationalsozialismus vieles verloren gegangen ist, ja noch nicht einmal durch die SPD in Münden und Einbeck Material aufbewahrt worden ist, erwies sich die Informationssuche als sehr schwierig.

Das Protokollbuch der SPD-Frauengruppe Einbeck z.B. soll nach Aussagen von Marianne Neumann[7] den Nationalsozialismus überlebt haben und weitergeführt worden sein. Die jeweilige Protokollführerin nahm das Buch mit nach Hause: So ist es irgendwann in den 50er Jahren Opfer von Kinderspielereien geworden. Anschließend wurden Protokolle maschinenschriftlich vervielfältigt und nicht mehr separat aufbewahrt.

Dank der Bereitschaft von Marie Kaldauke/Hann. Münden, Auguste Jünemann/Einbeck, Gerda Eisfeld/Einbeck, Marianne Neumann/Einbeck und der Frauengruppe der Arbeiterwohlfahrt/Einbeck konnte ich die Arbeit der damaligen Zeit wieder nachvollziehen: Sie erzählten aus ihren Erinnerungen, stellten Briefe, Photos, Unterlagen, Zeitungsausschnitte zur Verfügung. Sie diskutierten mit mir das, was ich in der SPD-Zeitung "Göttinger Volksblatt" (GV), in den Geschäftsberichten des Unterbezirks, in der Zeitschrift für sozialdemokratische Funktionärinnen "Genossin" (GN) und in den Protokollen der Bürgervorsteherkollegien (heute: Rat der Stadt) gelesen hatte.

Die Idee zu diesem Thema[8] entstand in einer Frauengruppe zur Geschichte der Frauenbewegung: Wir wollten immer einmal Frauen in der nahen Umgebung nach ihren

Erfahrungen und Motiven* zu politischer Arbeit befragen. Wir stellten uns die Frage nach der Vereinbarkeit von Berufsarbeit, Familienarbeit und politischer Arbeit. Für mich z.B. ist ein eigener Beruf sehr wichtig geworden, aber manchmal fühle ich mich den Strukturen und Anforderungen in einer von Männern bestimmten Welt nicht gewachsen: Entweder ich fühle mich nicht voll akzeptiert oder ich verspüre Nachsicht, weil ich ja (nur) eine Frau bin. Die Härte des Konkurrenzkampfes liegt mir nicht unbedingt. Politik ist auch heute noch vorwiegend Männersache. Mir scheint angesichts der Borniertheit mancher Politiker[9]· eine autonome Frauenbewegung eine richtige Alternative. Auch sie ist aber für ihre Wirkung im institutionellen Bereich auf Frauen angewiesen, die in Parteien, Gewerkschaften und Verbänden frauenpolitisch motiviert arbeiten. Ernstgenommen wird die autonome Frauenbewegung im Politikbereich allerdings viel zu wenig, obwohl sie indirekt in den letzten 15 Jahren großen Einfluß gehabt hat. Einzig die ASF setzt sich mit deren Vorstellungen und Forderungen auseinander und verwirklicht punktuelle Zusammenarbeit. Männer fangen leider allzu häufig erst dann an, die Frauenfrage ernst zu nehmen, wenn Frauen die Beteiligung an der Macht fordern oder sie von ihren Partnerinnen im persönlichen Leben herausgefordert werden. So wird auch die ASF erst langsam als Arbeitsgemeinschaft wirklich ernstgenommen. Die Juso-Arbeitsgemeinschaften müssen sich erst seit dem letzten Bundeskongreß mit der Frauenfrage beschäftigen, als ihnen nichts anderes übrig blieb als in einer Doppelkandidatur in den Bundesvorstand zwei Frauen zu wählen, die diese Forderung unabhängig vom sonstigen Fraktionenproporz vertraten.

Wenn wir heute trotz der Fortschritte bezüglich des gesetzlichen Rahmens für Frauen gegen so viele Grenzen stoßen, erscheint mir die Frage besonders interessant, wie Frauen früher Politik, Familie und Berufsarbeit (oder auch nur zwei dieser Bereiche) unter noch schwereren Bedingungen koordiniert haben.

Darüberhinaus fällt immer noch auf, daß zwar in den letzten Jahren zahlreiche Lokalstudien zur Geschichte der Arbeiterbewegung und der SPD veröffentlicht worden sind, in ihnen aber die Frauenarbeit, wenn überhaupt, nur eine ganz untergeordnete Rolle in der Darstellung spielt.

Anmerkungen:

1. zum ersten Mal 1878 erschienen

2. Diese These wurde als Spruchband zur Dekoration auf den Frauentagen des SPD-Unterbezirks Göttingen in der Weimarer Republik benutzt und mit auf die anschließenden Demonstrationen und Kundgebungen getragen. Vgl. S. 35

3. Clara Zetkin. Die Arbeiterinnen- und Frauenfrage der Gegenwart. Berlin 1889. Clara Zetkin auf dem 1. Internationalen Arbeiterkongreß in Paris 1889 (siehe Werner Thönnessen, Frauenemanzipation. Politik und Literatur der deutschen Sozialdemokratie zur Frauenbewegung 1863 - 1933, Frankfurt 1976, S. 41/42)

4. vgl. Thönnessen, a.a.0., S. 62 (Tabelle 1)

5. vgl. die jährlichen Berichte der Bezirke in der "Genossin"

6. Ein Hinweis bei: Wilh. Schuhmann, Ihr seid den dunklen Weg für uns gegangen. Skizzen aus dem Widerstand in Hann. Münden 1933 - 1939, Ffm. 1973, S. 67

7. Interview, Einbeck 30.11.1977 - Treffen mit den Frauen aus der Frauengruppe der 40er Jahre und Anfang der 50er Jahre, 30.11.1977

8. Diese Arbeit wurde als Examensarbeit unter Betreuung meiner Hochschullererin Helga Grebing geschrieben. Für die Veröffentlichung wurde sie, was den allgemeinen Teil betrifft, stark gekürzt. Die methodische Einleitung wurde gestrichen. Für kritische Hinweise und die graphische Auswertung der Tabellen danke ich Matthias Labude und Hubert Hübner.

9. An oberster Stelle hat dies Bundeskanzler Kohl gleich nach seinem Amtsantritt am 1. Oktober 1982 bewiesen: "Wirklich - wenn ich mich in den Büros oder auf der Straße umschaue, trotz aller Emanzipation sind unsere Frauen wunderbar weiblich geblieben ... Meine Hochachtung unseren Müttern, die ein Leben lang ihre Pflicht getan haben, ohne zu protestieren. Die nie demonstrieren konnten - garnicht wissen, wie das geht." (Frankfurter Rundschau, 2.11.1982, S. 4)

1. Die SPD-Frauenbewegung in der Weimarer Republik

Die Organisation der sozialdemokratischen Frauen in der Weimarer Republik

Die sozialdemokratische Frauenbewegung wurde vom Frauenbüro geleitet, dem Marie Juchacz[1.] zusammen mit zwei weiteren Frauen hauptamtlich vorstand. Sie war auch gleichzeitig Vertreterin des Frauenbüros im Parteivorstand. Auf internationalen Frauenkongressen vertrat sie die deutsche sozialdemokratische Frauenbewegung.

Vom Frauenbüro wurden Broschüren, Anleitungen, Referentenmaterial, Flugblätter und Text-Matern für die sozialdemokratischen Zeitungen (besonders zu Wahlkampfzeiten) herausgegeben. Außerdem wurden Berichte aus den Bezirken gesammelt, die diese wiederum aus den Ortsgruppen hatten, um sie in den Jahresberichten in der "Genossin", in den Jahrbüchern der SPD und auf den Parteitagen und den anschließenden Frauenkongressen zu verwenden[2.]

Immer wieder wurde in den 20er Jahren die Forderung nach eigens angestellten Frauensekretärinnen in den Bezirken artikuliert, weil diese sich in die Arbeit besser einfühlen konnten[3.]. So war z.B. im Bezirk Magdeburg ein großer Aufschwung der dortigen Frauenbewegung nach der Einstellung einer Frauensekretärin zu verzeichnen gewesen. Aus finanziellen und auch personellen Gründen blieb es aber meist nur bei diesen Überlegungen. Frauentage auf Bezirks- bzw. Unterbezirksebene galten als wichtigstes Mittel zur Belebung und Erweiterung der Frauenbewegung[4.].

Der Aufbau einer Frauengruppe innerhalb eines Ortsvereins sollte von einer Frau hauptverantwortlich übernommen werden. Durch intensive Schulungs- und Agitationsarbeit sollten die Frauen wiederum für eine Beteiligung an den allgemeinen Parteiversammlungen interessiert werden.

Diese Gruppe sollte versuchen, mindestens eine Frau in die städtischen Kollegien zu entsenden, Frauen sollten in relevanten Ausschüssen des Ortsvereins mitarbeiten (z.B. Soziales, Kinderfürsorge, Schulangelegenheiten, Krankenhausausschüsse etc.) und sich an der Wohlfahrtsarbeit beteiligen.

Als Möglichkeit, um Frauen anzusprechen und neue zu gewinnen, galten: Politische Werbewochen für Frauen, "Frauenwelt"-Abende, Frauenfeierstunden, Vorträge für Frauen zu frauenspezifischen und allgemeinpolitischen Themen, Diaabende, Frauenleseabende, Diskussionsrunden[5.]. Themenvorschläge wurden verschiedentlich in der "Genossin" gemacht[6.], außerdem wurden Anleitungen veröffentlicht, wie ein Vortrag vorbereitet werden konnte, und welche Möglichkeiten es gab, sollte eine Referentin unvorhergesehen absagen[7.].

In die Diskussion auf den Frauenkongressen und Parteitagen wurde immer wieder betont, daß es nicht nur um reine Frauenveranstaltungen ginge, sondern eine Mobilisierung der Frauen zu allgemeinen Parteiversammlungen das Hauptziel sei[8]. Besonders schwierig erschien die Organisierung in den Kleinstädten und auf dem flachen Lande zu sein, wo als wertvollstes Mittel die Hausagitation und besonders viele künstlerische und sportliche Darbietungen bei Frauenabenden empfohlen wurden[9].

Frauen in Parteiämtern und anderen öffentlichen Ämtern

Nachdem vor dem 1. Weltkrieg Frauen nur als "Gehilfinnen"[10] in der Gemeindearbeit tätig waren, hatte die November-Revolution 1918 auf dem Papier auch den Einzug der Frauen als Gleichberechtigte in die Parlamente gebracht. Es gab aber nur wenige Frauen, die soweit geschult waren, daß sie sich die Mitarbeit bei Partei- und öffentlichen Ämtern zutrauten und sich bei Kandidaturen durchsetzen konnten. Die folgenden Zahlen sind sozialdemokratischen Veröffentlichungen entnommen, die sich an Frauen richteten und auf der Grundlage dieses Zahlenmaterials die Ungleichgewichtigkeit der Mitarbeit von Frauen untersuchten.

Laut Ergebnis einer Umfrage des Städtetages gab es 1925 die stärkste Vertretung von Frauen bei Städten über 500.000 Einwohner:

351 Männer, 48 Frauen

Der Anteil der Frauen ging zurück, je kleiner die Städte waren:

500.000 - 250.000 Einwohner:

558 Männer, 62 Frauen

250.000 - 100.000 Einwohner:

813 Männer, 89 Frauen

100.000 - 50.000 Einwohner:

1054 Männer, 92 Frauen

50.000 - 25.000 Einwohner:

1852 Männer, 116 Frauen[11].

1926 gab es unter 6.773 SPD-Stadtverordneten nur 295 Frauen (23:1), in den Landgemeinden unter 29.020 Männern 452 Frauen (64:1)[12].

Im Jahre 1927 gab es unter 45.600 sozialdemokratischen Kommunalvertretern noch nicht 1.000 Frauen, und zwar

Stadtverordnete : unter 7.197 Männern

465 Frauen

Gemeindevertreter : unter 31.100 Männern

248 Frauen

Kreistagsabgeordnete : unter 3.957 Männern

Provinziallandtagsabgeordnete : unter 60 Frauen
339 Männern
19 Frauen[13].

1930 waren insgesamt 8.924 sozialdemokratische Stadtverordnete, davon 516 Frauen, und 38.892 Gemeindeverordnete, davon 493 Frauen, tätig. Als Kreistagsvertreter der SPD waren unter 4.467 Männern 106 Frauen und in Provinziallandtagen neben 420 Männern 25 Frauen als sozialdemokratische Abgeordnete gewählt[14]. Waren die Frauen auf lokaler Ebene schon unterrepräsentiert, so noch viel mehr auf höherer Ebene wie im Reichstag. Selbst bei der SPD, die mit den meisten weiblichen Volksvertreterinnen aufwarten konnte[15], nahm ihre Zahl im Verlaufe der Weimarer Republik ab. Folgendermaßen waren Frauen im deutschen Reichstag in der Weimarer Republik vertreten[16]:

Abgeord-nete	Nation. Vers. 19.1.19	1.Rt 6.6.20	2.RT 20.5.24	3.Rt 7.12.24	4.RT 20.5.28	5.RT 19.4.30	6.RT 31.7.32	7.RT 6.11.32
männl.	386	430	443	460	457	538	570	546
weibl.	37	36	29	33	33	39	38	37
zus.	423	466	472	493	490	577	608	583
Prozent-satz der Frauen	8,7%	7,7%	6,0%	6,6%	6,7%	6,2%	6,2%	6,3%

Diese Ziffern zeigen, daß die Vertretung der Frauen im Parlament im Verlaufe der Weimarer Republik immer geringer wird. Von 8,7% der Nationalversammlung auf 6,3% im letzten Reichstag ist ein spürbarer Rückgang. Die Verteilung der weiblichen Abgeordneten auf die einzelnen **Parteien** zeigt die folgende Tabelle:

Parteien		N	1.RT	2.RT	3.RT	4.RT	5.RT	6.RT	7.RT
Sozialdemokra	m	146	100	89	115	132	127	113	107
tische Partei	w	19	13	11	16	20	16	15	14
	zus.	165	113	100	131	152	143	133	121
Prozentsatz der Frauen		11,5%	11,5%	11,5%	12,2%	13,1%	11,1%	11,2%	11,5%
Unabhäng. sozial	m	19	72	-	-	-	-	-	-
dem. Partei	w	3	9	-	-	-	-	-	-
	zus.	22	81	-	-	-	-	-	-
Prozentsatz der Frauen		13,6%	11,1%	-	-	-	-	-	-
Kommunistische	m	-	1	57	42	51	65	77	87
Partei	w	-	1	5	3	3	12	12	13
	zus.	-	2	62	45	54	77	89	100
Prozentsatz der Frauen		-	50,0%	8,0%	8,6%	5,5%	15,5%	13,4%	13,0%
Deutschnatio	m	39	64	102	106	76	38	37	48
nale Volkspartei	w	3	2	4	6	2	3	3	3
	zus.	42	66	106	111	78	41	40	51
Prozentsatz der Frauen		7,1%	3,0%	3,7%	4,5%	2,5%	7,3%	7,5%	5,5%
Deutsche Volks	m	21	59	42	49	43	29	6	10
partei	w	1	3	2	2	2	1	1	1
	zus.	22	62	44	51	45	30	7	11
Prozentsatz der Frauen		4,5%	4,8%	4,5%	3,9%	4,4%	3,3%	11,1%	9,0%
Zentrum	m	84	65	61	65	58	64	69	65
	w	6	3	4	4	3	4	6	5
	zus.	90	68	65	69	61	68	75	70
Prozentsatz der Frauen		6,6%	4,3%	6,1%	5,8%	4,9%	5,8%	8,0%	7,1%
Deutsche Demokra	m	70	41	26	30	23	13	4	2
tische Partei (Staats	w	5	4	2	2	2	1	-	-
partei)	zus.	75	45	28	32	25	14	4	2
Prozentsatz der Frauen		6,6%	8,8%	7,1%	6,2%	8,0%	7,1%	-	-
Bayrische	m	-	19	15	18	16	18	21	18
Volkspartei	w	-	1	1	1	1	1	1	1
	zus.	-	20	16	19	17	19	22	19
Prozentsatz der Frauen		-	5,0%	6,2%	5,2%	5,3%	5,2%	4,5%	5,2%
Christl.sozialer	m	-	-	-	-	-	13	-	-
Volksdienst	w	-	-	-	-	-	1	-	-
	zus.	-	-	-	-	-	14	-	-
Prozentsatz der Frauen		-	-	-	-	-	7,1%	-	-

"Alle hier nicht aufgeführten Parteien, die bisher im Reichstage mit Abgeordneten vertreten waren, zählten keine Frauen in ihren Fraktionen."[17].

Des öfteren wurde von den betroffenen Frauen beklagt, daß ihnen bei der Wahl zu Ausschüssen in öffentlichen Gremien (ob nun Gemeindevertretung, Kreistag, Landtag oder Reichstag) immer wieder bestimmte Gebiete wie Wohlfahrtsarbeit, Kinder- und Jugendlichenfürsorge u.ä., "die nach landläufiger Anschauung ihrer Eignung besonders entsprechen"[18.] zugewiesen wurden und der Wunsch nach Mitarbeit auf anderen Gebieten meist unerfüllt bleibe[19.].

Bei der Wahl von örtlichen Vorständen und Kommissionen wurde empfohlen, mindestens ein bis zwei Frauen mit hineinzuwählen[20.].

Andererseits wurde manchmal den Frauen die Fähigkeit selbstständigen Handelns nicht zugetraut. So lautete der Ratschlag für die Treffen weiblicher Funktionäre:

"Zur Erleichterung und Verständigung zieht man zu den Sitzungen der weiblichen Funktionäre am besten ein männliches Vorstandsmitglied hinzu."[21.]

Die Tatsache, daß es zu einer ungleichgewichtigen Berücksichtigung von Frauen für Parteiämter kommen konnte, wurde von M. Juchacz lediglich

"auf eine ungeschickte Handhabung der organisatorischen Bestimmungen" zurückgeführt.[22.]

Von ihrem Selbstverständnis her und sicher auch aus wahltaktischen Überlegungen mußte die SPD selbst dafür Sorge tragen, daß immer einige Frauen als SPD-Abgeordnete in den Parlamenten vertreten waren. Es wurden auf den einzelnen Listen ein oder zwei Frauen, meist schon bekannteren, vordere Plätze zugeteilt, die ihnen einen Sitz im entsprechenden Parlament sicherten. Andere Frauen wurden - wenn überhaupt - auf den hinteren Teil einer Liste plaziert, wo sie eh keine Chance hatten[23.]. Von seiten der männlichen Parteimitglieder wurde nicht selten angezweifelt, ob Frauen überhaupt zur Mitarbeit in der Leitung eines Ortsvereins fähig sind[24.]. Als Fazit kann die Einschätzung von G. Bremme gelten, die allerdings nicht nur für die SPD, sondern für alle Parteien zutrifft:

"In der Weimarer Republik gelang es trotz aller organisatorischen Lösungsversuche, trotz der auf Teilgebieten außerordentlich fruchtbaren gesetzgeberischen Arbeit einzelner weiblicher Abgeordneter, im Großen und Ganzen nicht, den Einfluß der Frauen in den Parlamenten so zu stärken, daß eine größere Zahl von ihnen den Zugang zu der parlamentarischen Tätigkeit fand. Der Frauenanteil im Reichstag, aber auch in der Mehrzahl der kommunalen Vertretungen ging weiter zurück."[25.]

Die Entwicklung der sozialdemokratischen Frauenpresse

Da das Frauenwahlrecht der SPD nicht den erhofften Stimmenzuwachs brachte, auch der Anteil der weiblichen Mitglieder in keiner Relation zum Frauenüberschuß in der wahlberechtigten Bevölkerung stand[26], wurden Mitte der 20er Jahre die Methoden politischer Agitation - besonders durch die Presse[27] - in Frage gestellt. Es gab verschiedene Zielvorstellungen: Einmal interessierte man sich für die Politisierung der Frauen; zum anderen wurde nicht verhehlt, daß es primär um das Beeinflussen des Wahlverhaltens der Frauen ging. Die Überlegungen für eine Konzeption der Pressearbeit wurden nicht geklärt: Sie bewegten sich zwischen dem agitatorischen Interesse, die Frauen politisch zur Sozialdemokratie zu erziehen und dem Nachgeben nach Interessen der Frauen an Kindererziehung, Haushalt, Mode etc.

Die Erscheinung der verschiedenen Frauenzeitungen der SPD[28].

Name der Zeitschrift		Datum	Auflage
Die Gleichheit (1891 bis 1922)		1913	112.000
"	Juli	1914	124.000
"	Dez.	1914	58.000
"		1915	46.000
"		1916	35.000
"		1917	19.000
"		1918	28.000
"	Mai	1919	33.000
"	Nov.	1920	11.000
"	März	1921	20.500
"	Sept.	1921	25.000
Gewerkschaft. Frauenzeitung (1916 bis ca. 1933)		1917	100.000
Die Kämpferin (Frauenzeitschrift der USPD bis 1922)		1922	38.500
Die Frauenwelt (1924 bis 1933)	1.Halbj.	1924	67.000
"	2.Halbj.	1924	90.000
"	Ende	1925	ca.100.000
Die Genossin (Informationsblatt für weibl. SPD-Funktionäre)		1925	12.000
"		1928	30.000
"		1931	40.000

Der deutliche Niedergang der sozialdemokratischen Frauenzeitung "Gleichheit"[29] - das "Kampforgan" der Frau, "Dokument und Werkzeug des Klassenkampfes"[30] - kann als Symptom für den Niedergang der sozialdemokratischen Frauenbewegung gewertet werden im Vergleich zu der vor dem Weltkrieg. Nach Hilde Lion diente die "Gleichheit" der

"charakteristischen Stählung und Erziehung der Leserinnen, um sie aus Abonnentinnen zu klassenbewußten Anhängerinnen der sozialistischen Theorie zu machen".[31]

Das Erscheinen der "Gleichheit" wurde 1922 eingestellt.

1915 wurde die "Gewerkschaftliche Frauenzeitung" als Propagandamittel im politi-

schen Kampf gegen die "Gleichheit", die sich auf der Seite der Kriegsgegner und damit Kritiker des Parteivorstandes befand, von Gertrud Hanna mitgegründet[32]. Trotz
finanzieller Schwäche der Gewerkschaften[33] kam sie 14-tägig heraus. Nach der Einstellung der "Gleichheit" wurde u.a. aus Kostengründen und weil es eine Menge klei-
nerer Fachblätter mit Frauenbeilagen gegeben habe, ihr Erscheinen eingeschränkt. Das
widersprach aber der ursprünglichen Intention Gertrud Hannas, wie sie auch Legien
1916 formuliert hatte:

"Das gewaltige Anwachsen der Frauenarbeit brachte eine überaus große Vielge-
staltigkeit der besonderen, die Erwerbsarbeit der Frauen betreffende Fragen. Diese
machte es fast unmöglich, in Gewerkschaftsblättern, die für die Arbeiterschaft
weitverzweigter Industriegruppen belehrend und erzieherisch wirken sollen, für die
Arbeiterinneninteressen den notwendigen Raum freizustellen."[34]

Ab 1924 erschien die "Frauenwelt", redigiert und herausgegeben von einem Mann,
Dr. Lohmann, der erst auf die ausdrückliche Forderung der Kieler Frauenkonferenz
1927 von Toni Sender abgelöst wurde[35]. Er faßte die Ziele der "Frauenwelt" folgendermaßen zusammen:

"Unsere Zeitschrift ... will getragen werden und verantwortet von unserer gemeinsamen Not und unserer gemeinsamen Hoffnung ... das **Blatt der Frau** ..., daß sich
alle Leserinnen als Mitarbeiterinnen fühlen, daß sie die Verantwortung für die gemeinsame Zeitschrift mitzutragen bereit sind, daß sie in ständigem Gedankenaustausch mit der Redaktion Form und Inhalt entscheidend beeinflußen."[36]

Es blieb aber nur bei Worten. Veränderungen an der Konzeption der Zeitschrift wurden
nicht vorgenommen. Sie sollte ein Unterhaltungsblatt sein, das sich gerade an der Sozialdemokratie ferner stehende Frauen wendete[37]. In Wirklichkeit wurde sie im
Unterbezirk Göttingen nur von den weiblichen Mitgliedern der Partei gelesen. Hier
zeigte sich die eingangs genannte Widersprüchlichkeit der Pressearbeit, worin insbesondere nicht geklärt werden konnte, welche weibliche Zielgruppe mit welchen Inhalten angesprochen werden sollte. Der Vorwurf, der in Diskussionen öfters aufkam,
daß die "Frauenwelt" nur eine Kopie von bürgerlichen Frauenzeitschriften sei[38],
schien auch der Verfasserin nicht ganz unberechtigt. Jedenfalls war die politische
Intention ziemlich gut versteckt unter Feuilleton, Erbaulichem, Schnittmustern und
Modezeichnungen. Clara Bohm-Schuch bezeichnete die "Frauenwelt" einmal im Gegensatz zur "Gleichheit" ausdrücklich als unpolitische Zeitschrift mit einem überflüssigen
Modeteil[39]. Diskussionen über die "Frauenwelt" wurden von seiten des Parteivorstandes, auf den Frauenkonferenzen besonders von Marie Juchacz immer wieder abge-
blockt, ja manchmal sogar durch versteckte Drohungen, wenn vorgebliche Gründe über
die Notwendigkeiten politischer Propaganda oder das Rekurrieren auf spezifisch weibliche Bedürfnisse wenig austrugen[40].

Gemäß dem Bedürfnis nach einer besonders an sozialdemokratische Frauen gerichteten Zeitschrift erschien ab 1925 die "Genossin. Informationsblatt für die weiblichen Funktionäre "[41]. Bald wurde der Wunsch geäußert, die Auflage zu erhöhen, was aber aus Kostengründen nicht verwirklicht werden konnte. Von einzelnen Bezirken war auch nicht bekannt, welche Verbreitung und welchen Anklang überhaupt die "Genossin" unter den Genossinnen gefunden hatte[42]. Nach 1945 erschien die "Genossin" wieder. Sie wurde ab 1947 in Hannover von Herta Gotthelf[43] herausgegeben. Im Unterbezirk Göttingen wurden Anregungen aus der "Genossin" zumindest auf Vorstandskonferenzen der Frauengruppen besprochen[44]. Im Verlaufe der Pressediskussion, die sich nicht nur auf den Frauenkonferenzen im organisatorischen Rahmen der Parteitage abspielte, sondern auch in den sozialdemokratischen Zeitungen, wurde von Marie Juchacz immer wieder die Wichtigkeit der Frauenbeilagen in sozialdemokratischen Tageszeitungen betont. Im Zeitalter der Gleichberechtigung dürften sich Frauen nicht mehr zu allen Fragen in besonderen Zeitschriften äußern[45].

Die Kritik Clara Bohm-Schuchs, daß Frauenbeilagen in der Mehrheit von Männern redigiert und geschrieben würden[46], scheint berechtigt, da sich z.B. 1929 unter den fast 500 Redakteuren von Parteizeitungen nur zwei Frauen befanden (in Hamburg und in Magdeburg)[47].

Artikel zur besonderen Situation der Frau erschienen, wenn überhaupt, im allgemeinen Teil von sozialdemokratischen Tageszeitungen wie dem "Göttinger Volksblatt" nur in den Zeiten wichtiger Wahlkampfentscheidungen.

Zusammenfassend kann gesagt werden, daß die Entwicklung einer alternativen, sozialdemokratischen Frauenpresse in Ansätzen stecken blieb. Dies war nicht nur eine Folge von mangelndem Interesse der potentiellen Leserinnen, sondern auch eine Folge davon, daß sich zu wenig Frauen im Pressewesen engagieren und durchsetzen konnten.

Die Arbeiterwohlfahrt. Gründung und Intention

Die Arbeiterwohlfahrt wurde 1919 auf Initiative von Marie Juchacz gegründet. Sie hatte nach längeren Auseinandersetzungen in der Parteiausschußsitzung am 29.12.1919 ihre Genossen von der Notwendigkeit, eine Arbeiterwohlfahrtsorganisation zu gründen, überzeugt[48].

Als Grundeinstellung galt

"Die Idee der Selbsthilfe, der Kameradschaftlichkeit und der Solidarität, aber auch die Idee, daß Wohlfahrtspflege vom Staat und seinen Organen betrieben werden muß."[49].

Marie Juchacz war in Personalunion die Vorsitzende des SPD-Frauenbüros und der Arbeiterwohlfahrt. Der Hauptausschuß der Arbeiterwohlfahrt mit Sitz in Berlin war gleichzeitig preußischer Landesausschuß. Er gab Richtlinien für die Arbeit heraus, veranstaltete Kurse und Schulungen und trug die Schirmherrschaft für einige Heime und Schulen. Die Landesausschüsse koordinierten die Bezirksausschüsse, die die Zwischenglieder zwischen der zentralen Geschäftsstelle und den örtlichen Organisationen waren. Eine Dezentralisierung wurde mit der zunehmenden Vergrößerung der Organisation notwendiger. Auf dieser Ebene wurden auch Fortbildungskurse für Wohlfahrtsarbeit und Konferenzen veranstaltet. Die Ortsausschüsse wurden hauptsächlich von ehrenamtlichen Helferinnen und Helfern gestützt, weniger von besoldeten Mitarbeitern bei der Stadt, der Gemeinde oder dem Kreis[50].

Als Endziel wurde die "Sozialisierung der Wohlfahrtspflege" angesehen, was sich ebenso schwierig darstellte wie die Sozialisierung der Wirtschaft.

Nach Juchacz' Vorstellungen war die Arbeiterwohlfahrtsarbeit der Boden für die Frauenbewegung: Frauenprobleme und soziale Probleme seien nicht trennbar. Wohlfahrtsarbeit sei ein dem Wesen der Frau adäquates Betätigungsfeld, wo sich auch solche Frauen beteiligen könnten, die vor der Parteiarbeit zurückschrecken[51]. Diese Überlegungen können aber nicht darüber hinwegtäuschen, daß hier eine Verlagerung des Ziels der Politisierung der Frauen auf das Recht zur sozialen Betätigung vollzogen wurde, die große Bedeutung karitativer Hilfen in Notzeiten nach dem 1. Weltkrieg seien in Rechnung gestellt. Die Diskriminierung der Frauen - auch wenn dies vielleicht subjektiv nicht intendiert gewesen sein mag - wurde hier mit anderen Mitteln fortgesetzt: Auf dem Sektor Wohlfahrts- und Sozialarbeit wurde nicht die Gleichberechtigung, sondern darüber hinaus das Monopol der Frauen postuliert, wobei nachhaltiger alle anderen Bereiche des politischen Lebens den Männern vorbehalten blieben.

Legte man das Hauptgewicht der Frauenarbeit auf den Sozial- und Wohlfahrtsbereich, so war die politische Parteiarbeit - unter Berücksichtigung der gesellschaftlichen Hindernisse, die der politischen Betätigung von Frauen vorgegeben waren - allein schon deswegen benachteiligt, weil den betreffenden Frauen nicht unbegrenzt Zeit zur Verfügung stand[52]. Genossinnen, die sich in diese Richtung kritisch äußerten, konnten mit ihren Bedenken nicht durchdringen[53].

Schlußbemerkung

Erst in der Wirtschaftskrise und mit der steigenden Relevanz der nationalistischen Bewegung, kritisierten auch Frauen wie Marie Juchacz das traditionelle Frauenbild der männlichen Genossen[54]. Als Ausdruck einer solchen Veränderung in der Einstellung zur Frauenemanzipation kann die folgende Äußerung in der "Gewerkschaftlichen Frauenzeitung" gewertet werden. Sie zeigt nach Meinung der Verfasserin aber auch, daß die SPD erst in dem Augenblick wieder zu solchen Einschätzungen kommen konnte, als sie durch die Wirtschaftskrise zu einer selbstkritischen Diskussion ihrer eigenen Politik gezwungen wurde:

"Der Proletarierin gebühren die gleichen Rechte wie dem Proletarier. Sie verrichtet dieselben wirtschaftlichen Funktionen, muß sich für das Kapital abrackern, muß den Staat erhalten und wird von ihm ebenso ausgebeutet und unterdrückt, wie der Proletarier. Sie hat dieselben Interessen und benötigt zu deren Verteidigung die gleichen Waffen. Ihre politischen Forderungen wurzeln tief im Abgrund, der die Klasse der Ausgebeuteten von der Klasse der Ausbeuter trennt, und zwar nicht im Gegensatz zwischen Mann und Weib, sondern im Gegensatz zwischen Kapital und Arbeit."[55].

Nach der Erkämpfung des Frauenwahlrechts, das in der Weimarer Verfassung verankert werden konnte, hatte man geglaubt, die Frauenemanzipation in groben Zügen bereits gewonnen zu haben, und von daher die Existenzberechtigung einer eigenständigen Frauenbewegung bestritten.

Die Marx'sche Einschätzung, wonach die Stellung der Frauen immer ein Gradmesser für den Entwicklungsstand einer je spezifischen Gesellschaft sei, der Kampf um die Frauenemanzipation also vom jeweiligen Stand der Klassenkämpfe nicht getrennt werden könne[56]., sollte aber ihre Richtigkeit in der weiteren Entwicklung beweisen.

Anmerkungen:

1. Biographie, siehe S. 105 ff

2. vgl. Jahresberichte der Frauenbewegung in der "Genossin"; des weiteren z.B. auch Artikel wie Clara Bohm-Schuch, Frauen und SPD in Nr. 3/1926, S. 68 - 70
   Protokolle der Parteitage und Frauenkonferenzen nach Parteitagen der SPD; Jahrbücher der SPD, Rubrik Frauenbewegung.

3. So äußerte z.B. Johannes Lau in seinem Bericht über die Frauenbewegung im Bezirk Hannover Bedenken, ob es ihm als Mann möglich sei, überhaupt einen adäquaten Überblick geben zu können, da ihm möglicherweise ein gewisses Verständnis fehle. (in: Genossin, Nr. 2/1930, S. 80)

4. vgl. Henni Lehmann. Die Frauen und die Partei. Nachtrag zum Kasseler Parteitag, in: Neue Zeit (NZ) 1921, S. 337; Dies., Die Frauenfrage auf dem Augsburger Parteitag, in: Neue Zeit 1923, S. 12; Protokolle der Parteitage 1919, S. 462,476; 1925, S. 343; 1929, S. 234; 1924, S. 229; 1927, Berlin 1927, S. 188
   Marie Juchacz. Praktische Winke für eine sozialdemokratische Frauenbewegung, Berlin 1919 und 1921, S. 8 - zit. als M. Juchacz, Winke ... -

5. M. Juchacz, Winke ..., a.a.O.

6. z.B. Genossin Nr. 8/1931, S. 300ff; Nr. 8/9/1932, S. 213/214

7. Genossin, Nr. 4/1928, S. 103ff. Dies war insofern besonders wichtig, als

die Schulungsarbeit für sozialdemokratische Führerinnen noch nicht weit genug fortgeschritten war, um genügend Rednerinnen auszubilden

8. So z.B. Elisabeth Kirschmann auf der sozialdemokratischen Frauenkonferenz
in Kassel 1919, Parteitag 1919, S. 458ff; Parteitag 1924, S. 229;
Parteitag 1925, S. 332ff; M. Juchacz, Winke ..., a.a.O., S. 4 - 12

9. Henni Lehmann. Die Görlitzer Frauentagung. in: Neue Zeit 1922, S. 88;
Leserbrief an die Genossin Nr. 8/9, 1932, S. 218: Bericht von Paul Lehmann
über die "Arbeit auf dem Lande", in: Genossin Nr. 9/1929, S. 409

10. Mathilde Wurm. Gemeindewahlen am 17.11.29, in: Frauenwelt H.22/1929, S.
509

11. Göttinger Volksblatt 31.1.1926: Bericht über "Frauen in der Gemeindever-
waltung"

12. M. Wurm, a.a.O., S. 509; A. Schreiber. Die Sozialdemokratin als Staatsbürgerin, in: A. Blos (Hrsg.), Die Frauenfrage im Lichte des Sozialismus,
Dresden 1930, S. 130; Paul Richter. Die Frau in der Kommunalpolitik, in:
Die Gemeinde 9 (1932), H.6, S. 265. Diese Vergleichszahlen, die nicht nur
sozialdemokratische weibliche Vertreter in städtischen Kollegien
betreffen, wurden hinzugezogen, um zu zeigen, wie gering überhaupt die
Mitarbeit von Frauen in diesem Bereich war. Insofern stehen die städtischen Kollegien in Münden und Einbeck schon besonders da: Es waren nicht
nur 1 Sozialdemokratin in Einbeck bzw. 2 Sozialdemokratinnen in Münden
vertreten, sondern auch die bürgerlichen Parteien hatten weibliche Kandidaten zur Wahl gestellt und entsand.

13. A. Schreiber, a.a.O.; Paul Richter, a.a.O.

14. aus Bericht im Jahrbuch der SPD 1930, zit. aus P. Richter, a.a.O.

15. Clara Bohm-Schuch. Unsere politische Werbearbeit, in: "Genossin" Nr.
2/1926, S. 53: In der SPD sind prozentual am meisten Frauen vertreten.
"Das beweist doch aber gar nicht, daß es bei uns mit der Gleichberechtigung glänzend steht, sondern es beweist nur, daß es bei den anderen Parteien noch schlechter ist."

16. Schneider, Max, Frauen an der Wahlurne. 14 Jahre Frauenwahlrecht in
Deutschland. in: Die Gesellschaft 10 (1933) H.1, Berlin, S. 69ff, S. 77

17. Zahlen nach: Max Schneider, a.a.O., S. 77; vgl. auch Agnes Harnack. Die
Frauenbewegung. Geschichte, Probleme, Ziele. Berlin 1928, S. 320; Bremme,
Gabriele. Die politische Rolle der Frau in Deutschland. Eine Untersuchung
über den Einfluß der Frauen bei Wahlen und ihre Teilnahme in Partei und
Parlament. Göttingen 1956, Tab. 39, S. 124

18. A. Schreiber, a.a.O., S. 118; Referentenmaterial 2 zur Agitation unter den
Frauen, Hrsg. vom Vorstand der USPD, Berlin o.J., S. 9

19. Leserbriefe an die Genossin: Nr. 3/1916, S. 65; Nr. 2/1930, S. 50 - Jah-
resbericht des Bezirks Hannover 1929, in Genossin Nr. 2/1930, S. 80: Die
Unterstützung von Männern läßt zu wünschen übrig, ja sie bauen oft bewußt
Hindernisse auf.

20. M. Juchacz., Winke ..., a.a.O., S. 4

21. ebenda, S. 5

22. Parteitag 1931, Ref. Juchacz über die Frauenbewegung, S. 249

23. Beispiele aus dem Göttinger Volksblatt:
5.12.24: Im Wahlkreis Südhannover kandidiert als einzige Frau Rosa Helfers

- 18 -

auf Platz 2 für den Landtag. Für den Reichstag - Wahlkreis Südhannover/Braunschweig kandidiert Elise Bartels auf Platz 3 als einzige Frau. - Vgl. auch Dokument Nr. 5, S. 116/117 Wahlvorschläge der SPD für die Bürgervorsteherkollegien in Münden und Einbeck, Frauen 1919 - 1933; 27.3.1928: Vom Bezirk-Parteitag Hannover Süd wurden folgende Frauen als Kandidaten nominiert: Für den Reichstag auf Platz 3 Maria Rose/Hannover, auf Platz 10 Erna Sims/Braunschweig, Platz 11 Lina Bruhn/Hannover; für den Landtag auf Platz 2 Rosa Helfers/Hameln, auf Platz 11 Elise Evers/Hannover. Für den Prov.-Landtag kandidiert im Gebiet des heutigen Niedersachsens nur eine einzige Frau, nämlich im Regierungsbezirk Hannover Elise Evers. 20.8.1930: Im Wahlkreis Südhannover/Braunschweig kandidiert für den Reichstag als einzige Frau Anna Zammert/Hannover auf Platz 3. Marie Juchacz auf der Frauenkonferenz nach dem Parteitag 1925: "Es ist auch bei der Aufstellung der Kandidaten notwendig, daß man sagt: Ich schlage diese oder jene Genossin für eine sichere Stelle vor, weil sie diese oder jene Fähigkeiten für ein ganz bestimmtes Gebiet mitbringt, oder weil Beweise vorliegen, daß sie für eine ganz bestimmte Arbeit befähigt ist." (Protokoll Parteitag 1925, S. 333)

24. so berichtet Marianne Neumann, Einbeck 31.10.77, von Erzählungen ihrer Mutter, der Hebamme Regine Leifhold, die bis 1929 im Bürgervorsteherkollegium und bis 1933 aktiv in der Frauengruppe war.

25. Bremme, Gabriele. Die politische Rolle der Frau in Deutschland. Eine Untersuchung über den Einfluß der Frauen bei Wahlen und ihre Teilnahme in Partei und Parlament. Göttingen 1956, S. 127

26. 53% der Wahlberechtigten waren Frauen (Anna Zammert. Auf die Entscheidung der Frauen kommt es an, in: Göttinger Volksblatt 22.4.1932)

27. Protokolle der sozialdemokratischen Frauenkonferenzen nach den Parteitagen: 1919, S 467, 462; 1924, S. 241; 1925, S 334; Göttinger Volksblatt 12.9.1925: Arbeiterzeitungen sind die wichtigste Hilfe in der politischen Entwicklung der Frauen; vgl. auch "Genossin", Nr. 6/1929, S. 258/259

28. Tabelle nach Thönnesssen, a.a.O., S. 134

29. von Clara Zetkin seit 1894 herausgegeben. 1917 übernahm Clara Bohm-Schuch diese Aufgabe.

30. Hilde Lion, Zur Soziologie der Frauenbewegung. Die sozialistische und die katholische Frauenbewegung. Berlin 1926, S. 88 Themen der "Gleichheit" waren: Informationen über gesetzgeberische Maßnahmen durch Wiedergabe des Wortlautes, deren Interpretieren und Hinweise auf Gesetzeslücken, Einführen in Fragen der Sozialpolitik, des Arbeiterinnen- und Kinderschutzes, Aufklärung über die rechtliche Stellung der Frau in Deutschland und im Ausland, Informationen über die internationale Arbeiterinnenbewegung, Erklärungen zu aktuellen Fragen durch beigelegte Flug- und Merkblätter, historische Berichte sowie Darstellung der marx'schen Theorie

31. Lion, a.a.O., S. 90

32. nach Lossef-Tillmanns, Gisela, Frauenemanzipation und Gewerkschaften (1800 - 1975). Diss. Bochum 1975, S. 612; Frauenwelt H.17, 1932, S. 393

33. Lossef-Tillmanns, a.a.O., S. 612: 1915 übertrafen die Ausgaben der Gewerkschaften mit 2,6 Mill. Mark die Einnahmen, gleichzeitig sank der Mitgliederstand

34. Gewerkschaftltiche Frauenzeitung, Nr. 1/1916, S. 3

35. vgl. Diskussionen auf der Frauenkonferenz 1924 in Berlin, S. 237;

Zur Biographie Toni Senders: Göttinger Volksblatt 5.6.1931: "Der Typus der
feingeistigen, kämpferischen, tiefsozialen Frau. Aktivistisch bis zum
letzten Nerv. Immer in Bewegung die zierliche Gestalt. Eine überzeugte
Kollektivistin von ausgesprochen individueller Geprägtheit, und doch him-
melweit entfernt von allen intellektuellen Abgekapseltheiten. Elastisch
und von warmer ungekünstelter Menschlichkeit erfüllt. T.S. hat den
munteren Elan und das offene Herz der Rheinländerin. Ihr rednerisches
Pathos ist flammmend, ohne Kitsch, inbrünstig, ohne irrlichterne Ekstase.
Scharf analysierender Intellekt, gepaart mit überströmendem, echt
weiblichem Gefühl."
T.S., Büroangestellte, später Schriftstellerin in Berlin, war geboren am
29.11. 1888 in Biebrich, verbrachte einige Jahre im Ausland. 1919 wurde
sie für die USPD in den 1. preußischen Landtag gewählt und war 1920 - Mai
1924 für den Wahlkreis 23 Hessen-Nassau Mitglied des Reichstages
(USPD/SPD) und von Mai 1924 - 22.6.1933 Mitglied des Reichstages (SPD) für
den Wahlkreis 28 Dresden-Bautzen. Sie emigrierte am 5.3.1933 über die CSSR
nach New York, wo sie am 26.6.1964 verstarb.
Informationen aus: Dr. Alois Klöcker: Der erste preußische Landtag. Ein
Handbuch für die preußischen Landtagswahlen und den Landtag (Hrsg.
Landessekretariat der preußischen Zentrumspartei) Berlin 1921, S. 61 (zit.
als Handbuch Preuß.LT.)
Toni Sender. Autobiographie einer deutschen Rebellin, Frankfurt/M. 1981
(New York 1939)

36. Frauenwelt, H.1/1924, S. 2

37. Frauenkonferenz, Parteitag 1924, S. 233

38. ebenda, S. 229ff

39. in: "Genossin" Nr. 2/1926, S. 5b: "Die Gleichheit war unsere einzige poli-
    tische Zeitung."

40. Frauenkonferenzen, Parteitag 1924, S. 238, S. 244; Parteitag 1925, S. 334

41. Frauenkonferenz, Parteitag 1924, S. 235: "Unsere Genossinnen haben noch
    nicht vergessen, daß die 'Gleichheit' wie sie früher war, sehr viel, wenn
    nicht alles dazu beigetragen hat, überhaupt Sozialistinnen zu erziehen.
    Hoffentlich wird in der 'Genossin' ein halbwegs gleichwertiger Ersatz für
    die schmerzlich vermißte 'Gleichheit' geschaffen." Dieses ausdrücklich für
    Funktionärinnen bestimmte Blatt brachte Meldungen über: Eherecht, Straf-
    recht allgemein, Frauenarbeit und Arbeiterinnenschutz, Bevölkerungspro-
    bleme, Problematik des unehelichen Kindes, Hausfrauenfragen, Gesundheits-
    politisches, Frauen in parteipolitischen und öffentlichen Ämtern,
    Biographien, Rezensionen lesenswerter Bücher aller Art, Berichte aus der
    internationalen und bürgerlichen Frauenbewegung (nach Jahrbuch der SPD
    1928, S. 147)

42. Frauenkonferenzen Parteitag 1925, S. 338/339, 343; Parteitag 1927, S. 305

43. siehe Photo Nr. 23

44. Interview mit A. Jünemann, Einbeck 31.10.1977

45. Marie Juchacz. Nachlese zur Frauenkonferenz nach dem Parteitag 1927, in:
    Genossin Nr. 8/1927, S. 271/272

46. Genossin, Nr. 3/1926, S. 53

47. Parteitag 1929, S. 50; vgl. auch Frauenkonferenz 1927, S. 47/48 (Partei-
    tag-Protokolle 1927) Der Idealfall wäre der Kontakt und die Einflußnahme
    der örtlichen Frauengruppe auf die Frauenbeilage einer Tageszeitung, was
    aber am Widerstand der Männer gescheitert wäre.

48. Vgl. A. Dertinger. Hilfe, die nicht niederdrückt, in: Sozialdemokrat, Magazin, Dez. 1977, S. 25; A. Schreiber. Die Sozialdemokratin als Staatsbürgerin, in: Anna Blos (Hrsg.), Die Frauenfrage im Lichte des Sozialismus, Dresden 1930, S. 133/134; L. Schröder. Die proletarische Hausfrau und Mutter, in: ebenda, S. 164

49. in: M.Juchacz/J. Heymann. Die Arbeiterwohlfahrt. Voraussetzungen und Entwicklung, Berlin 1924, S. 5; vgl. auch: Helene Simon. Sozialismus und Wohlfahrtspflege, in: Die Arbeiterwohlfahrt, Berlin Oktober 1926, S. 9; Henni Lehmann, Private und öffentliche Wohlfahrt, in: NZ 1921, S. 145; Adele Schreiber, Die Sozialdemokratin als Staatsbürgerin, in: A. Blos (Hrsg.), a.a.O., S. 134; F. Roehl. Marie Juchacz und die Arbeiterwohlfahrt, Hannover 1961, S. 96; Karl Schlüter. Die ersten 50 Jahre Arbeiterwohlfahrt des Ortsvereins Duderstadt 1924 - 1974, Broschüre, S. 1/2; vgl. auch Photo Nr. 19

50. Die Aktivitäten werden am Beispiel der Ortsausschüsse Münden und Einbeck beschrieben werden, S. 45 ff

51. F. Roehl, a.a.O., S. 77, 113; Marie Juchacz. Die Frau als Staatsbürgerin, in: Frauenstimmen aus der Nationalversammlung. Beiträge der sozialdemokratischen Volksvertreterinnen zu Zeitfragen, Berlin 1920, S. 15; Juchacz/Heymann, a.a.O., S. 40, S. 45/46: Erst die Arbeiterwohlfahrt brachte die praktische Arbeit der Frauen nach 1918 wieder in Schwung: "Hier fühlten sich die Frauen auf ureigenstem Boden, hier können sie mitsprechen, hier haben sie die Erfahrung für sich, die dem Menschen das Selbstvertrauen gibt ..."
Göttinger Volksblatt 2.3.1929: Bericht über das Jahrbuch der Deutschen Sozialdemokratie für 1928. Hier wird der enge Zusammenhang von Arbeiterwohlfahrt-Arbeit und Frauenarbeit betont.
Marie Juchacz. Winke für eine sozialdemokratische Frauenbewegung, Berlin 1921, S. 18f; dies., Die politische Erziehung der Frauen in der sozialdemokratischen Partei, in: Die Frau 3 (1928/29), S. 264;
Protokoll des Berichtes über die Frauenbewegung auf dem Parteitag in Görlitz 1921, S. 17

52. Dies zeigte sich auch an den Diskussionen um weibliche Kandidaturen für öffentliche und Parteiämter, in der Sekretärinnenfrage und der Pressediskussion. Die gleiche These vertritt auch Thönnessen, a.a.O., S. 7; vgl. eine Aufstellung von S. Werzeiko, Münden, S. 60/61
Zu ähnlichen Ergebnissen einer Analyse der grundsätzlichen Position sozialdemokratischer Frauen kam auch Hans Beyer, Die Frau in der politischen Entscheidung. Eine Untersuchung über das Frauenwahlrecht in Deutschland, Soziologische Gegenwartsfragen 2.Heft, Stuttgart 1933, S. 67: "War von ihnen vor dem Kriege die Politik als radikale Konstruktion bejaht worden, so wurde nach der Spaltung die Politik nahezu ausschließlich soziale Fürsorge. Und erst die Wiedervereinigung hat in der Person der Abgeordneten Toni Sender ein radikales und theoretisierendes Element in die Partei gebracht, ohne freilich den Grundcharakter zu verändern. Dieser Rückzug aus dem Grundsätzlichen und der Gesamtpolitik habe dabei für Frauen eine weitgehende Ausschaltung aus der Parteiführung zur Folge."

53. Hiervon wird berichtet bei: Henni Lehmann. Die Frau und die Partei. Ein Nachtrag zum Kasseler Parteitag, in: NZ 39,1 (1921), bes. S. 238

54. Protokolle des Reichsfrauentages nach dem Parteitag Magdeburg 1929, S. 238

55. Gewerkschaftliche Frauenzeitung Nr. 12/1932, S. 89

56. So wurde Marx auf dem Parteitag in Augsburg am 21.9.1922 von Johanna Reitze interpretiert.

2. Die Arbeit der "Sozialistischen Frauengruppe" Münden und der "SPD-Frauengruppe" Einbeck im Zusammenhang mit den jeweiligen Ortsausschüssen für Arbeiterwohlfahrt in der Weimarer Republik

Hann. Münden liegt am Flußdreieck Fulda-Werra-Weser ca. 27 km südwestlich von
Göttingen Richtung Kassel. Es gehört heute zum Landkreis Göttingen. Im Rahmen der
SPD ist es dem Unterbezirk Göttingen angegliedert.
Nach Einbeck fährt man von Göttingen aus 40 km nach Norden. Es gehört heute zum
Landkreis Northeim. Bis 1950 war der SPD-Orts- und Kreisverein dem Unterbezirk
Göttingen angegliedert. Heute gehört es zum Unterbezirk Northeim.
Die Frauengruppe der SPD in Münden nannte sich "Sozialistische Frauengruppe", die in
Einbeck "SPD-Frauengruppe". Ein Unterschied, der sich auch bewußtseinsmäßig bei den
beteiligten Frauen niedergeschlagen haben mag, kann nur vermutet, aber nicht mit In-
formationen schriftlicher oder mündlicher Art belegt werden.

2.1. Hann. Münden und Einbeck

Die ökonomischen Rahmenbedingungen

Mündens industrielle Entwicklung setzte im 19. Jahrhundert relativ früh und umfassend
ein, was zur Herausbildung einer zahlenmäßig starken, gut organisierten Arbeiterbewegung führte. Entscheidend im Zusammenhang des Industrialisierung war der Anschluß
an das Eisenbahnnetz 1856[1], welcher den Niedergang der Schiffahrt bedeutete. Bis
1880 verschwanden die letzten Großkaufleute und andere am Schiffahrts-Handels-Ge-
werbe beteiligten Arbeiter[2]. Die wichtigsten Industriebetriebe waren die Wüstenfeld-
sche Zuckerfabrik, die 1812 entstand[3], die 1826 gegründete Metallwarenfabrik
Haendler & Natermann[4] und die Lederfabriken Wentzler & Haase. Der weitaus größte
Industriebetrieb, die Schmirgelwerke C.F. Schröder und eine beträchtliche Anzahl weiterer Fabriken entstand erst in der zweiten Hälfte des 19. Jahrhunderts[5].
Haendler & Natermann waren ursprünglich ein Speditionsunternehmen, das mit ver-
änderten Verkehrsverhältnissen begann, die Rohstoffe, die bis dahin nach Münden zur
Verschiffung gebracht worden waren, dort weiter zu verarbeiten[6]. In der gleichen Zeit
entstand auch die tabakverarbeitende Industrie. Fischer & Herwig verarbeiteten ab
1900 nur noch Kautabak. Diese Fabrik "galt in Münden vor 1933 als die Hochburg der
Sozialdemokratie und 'Rote Bude'."[7]
Ende der Weimarer Republik waren 25,2% der Einwohner der Stadt Arbeiter, nur 9,6%
Angestellte, Selbstständige gab es 13,89%[8]. Laut Volkszählung vom 16. Juni 1925 gab

es in der Stadt Münden 11.991 Einwohner[9], im Kreis 28.227[10], davon 14.408 Frauen und 13.817 Männer[11].

Beuermann vergleicht den Bevölkerungszuwachs in Münden mit dem in Einbeck und Northeim. Dieser verläuft in Einbeck bis 1945 weit ausgeglichener als in Münden. Es ist wahrscheinlich darauf zurückzuführen, daß die Verkehrsentwicklung nicht so einschneidenden Schwankungen unterworfen war[12].

Einbeck war schon im 13. Jahrhundert als überregionaler Marktort mit Besitz der Stadtrechte bekannt. Zusätzliche Bedeutung erlangte Einbeck seit dem 14. Jahrhundert durch den Bierexport. 1843 übernahm die Stadt das Brauereiwesen[13].

Im 18. Jahrhundert werden Tuch, Flanell u.a. Kleiderstoffe nicht nur in der Manufaktur, sondern auch in Heimwerkstätten produziert[14]. Zu Beginn des 19. Jahrhunderts gab es eine Tabak- und Zigarrenfabrik, 1857 wurde eine Zuckerfabrik gegründet, - die erste in der Provinz Hannover[15]. - die sich in kurzer Zeit sehr stark vergrößerte[16]. Die wirtschaftliche Entwicklung stockte, da kein Anschluß an das Eisenbahnnetz vorhanden war. Neue Möglichkeiten ergaben sich ab 1879 durch den Bau der Stirnbahn Einbeck-Salzderhelden, der einen indirekten Anschluß an das Fernverkehrsnetz bedeutete[17].

Nach 1890 kam es zu entscheidenden Umstrukturierungen, Tapeten und metallverarbeitende Industrie bekamen starken Einfluß[18].

Gegen Ende der Weimarer Republik waren infolge der relativ zahlreichen Handwerksbetriebe und landwirtschaftlichen Betriebe im Stadtgebiet von Einbeck 17,1% der Bevölkerung Selbstständige, Angestellte gab es 13,2% und Arbeiter 28,3%[19].

Im Zuge der Industrialisierung hatte sich die Einwohnerzahl Einbecks zwischen 1825 und 1933 verdoppelt[20]. Laut Volkszählung vom 16. Juni 1925 gab es in der Stadt Einbeck 9.593 Einwohner[21], im Kreis 27.577[22], davon 14.186 Frauen und 13.391 Männer[23].

Kurzer Überblick über Ursprung und Stand der Arbeiterbewegung

Die ersten Anfänge der Arbeiterbewegung sind in Münden auf das Jahr 1875/76 zu datieren[24]. Bis zum 1. Weltkrieg hatte die SPD schon so weit Fuß gefaßt, daß sie sich erfolgreich bei Wahlen zu den kommunalen Organen beteiligen konnte.

In der Weimarer Republik ist die sozialdemokratische Arbeiterbewegung - nach Einschätzung von M. Kaldauke - in Vereinen organisiert gewesen[25].

Tatsache ist, daß Sozialdemokraten in allen Bereichen des öffentlichen Lebens, seien es nun Gewerkschaften oder Vereine, Konsumverein, Freidenkerbewegung, Naturfreunde etc. oder Bürgervorsteherkollegium, Kreistag, Provinziallandtag, tätig waren.

Die Politik der SPD war neben den Namen der Familien Dörfler und Mayer mit dem der Familie Kaldauke verbunden: Der Vater Karl hatte die SPD mitbegründet, zudem arbeiteten seine vier Söhne aktiv in der Arbeiterbewegung[26].

Im Jahre 1933 waren in dem SPD-Kreisverein Münden 1022 Personen organisiert, also 12,1% der Stimmberechtigten, das bedeutete nach Osterode den höchsten Organisierungsgrad in Süd-Hannover[27]. Sie hatte zwar 1924 bei den Bürgervorsteherwahlen ihre Mehrheit verloren, nahm danach aber absolut und prozentual stärker an Stimmen wieder zu:

	Sitze	Stimmen	%	Sitze von anderen [28].
23.2.1919	16	2.644	51,6	14
4.5.1924	8	2.438	37,0	14 (davon: Wirt. Vereinigung 9)
17.11.1929	11	3.110	46,6	11
12. 3.1933	9	2.738	36,2	13 (davon: NSDAP 10)

Die Anfänge der SPD in Einbeck reichen in das Jahr 1878[29]. Aber erst 1919 griffen Sozialdemokraten aktiv in die Kommunalpolitik ein. Von ihrer zunächst "kooperationsbereiten und gemäßigten Haltung" gegenüber dem Bürgertum mußten sie bald abrücken[30], da sonst die politischen und sozialen Fortschritte von 1918, als es in Einbeck auch einen Arbeiter und Soldatenrat gegeben hatte[31], verloren zu gehen drohten.

Auf der Basis einer ausgiebigen Schulungs- und Bildungsarbeit und Heranziehung des Nachwuchses durch ein aktives sozialdemokratisches Vereinsleben[32] konnte die SPD ihre Mitgliederzahl erhöhen und dementsprechend auch ihren Einfluß. So erreichte sie nach Sitzen die absolute Mehrheit bei den Bürgervorsteherwahlen 1929:

	Sitze	Stimmen	%	Andere [33].
23. 2.1919	12	2.165	48,8	12 (Bürgerblock)
4. 5.1924	8	1.958	37,6	13
17.11.1929	11	2.460	47,8	10
12. 3.1933	8	2.187	35,9	13 (davon NSDAP 10)

Von 508 Genossen waren Ende 1932 194 Frauen SPD-Mitglieder[34].

Im Rahmen des sich entwickelnden sozialdemokratischen Vereinslebens bildeten sich in Münden und Einbeck zwei Gruppen, durch die Frauen an der Gestaltung des öffentlichen Lebens mitarbeiteten und ihrer Stellung mehr Geltung zu verschaffen suchten: die Frauengruppe und der Ortsausschuß für Arbeiterwohlfahrt.

2.2. Zur Familiensituation der Frauen

Die Familien, aus denen die in dieser Untersuchung behandelten Frauen stammten bzw. in die sie einheirateten, sind überwiegend alteingesessen und waren ursprünglich meist Landarbeiterfamilien gewesen[35]. Bis in die Weimarer Zeit waren sie vielfach in ortsansässigen Fabriken tätig[36]. Die Tendenz bei der Deutschen Bundesbahn und bei der Bundespost oder Baubetrieben zu arbeiten, setzte sich nach dem 2. Weltkrieg verstärkt durch[37]. Das Verhältnis zu kirchlichen Institutionen war allgemein sehr distanziert[38], was sicher nicht für die Gesamtbevölkerung repräsentativ war.

Das eigene Haus stand im Mittelpunkt der Lebenswünsche der Interviewten; oft ließ es sich nicht zuletzt durch die Mithilfe von Genossen und anderen Verwandten verwirklichen.

Die Arbeiter blieben in ihren Kontakten im wesentlichen unter sich. Dieses Phänomen stellte Albrecht Lehmann für Greene, ein Arbeiterdorf in der Nähe von Einbeck, fest[39]. In diesem Rahmen spielten gerade Feste, ob nun aus familiären oder politischen Anlaß, eine besondere Rolle, um das Zusammengehörigkeitsgefühl und die Gemeinschaft zu fördern.

Ein weiterer wichtiger Bereich für Aktivitäten stellte das örtliche Vereinswesen[40] dar, das in der Weimarer Republik weitestgehend von der SPD geprägt war. Nach Aussagen von A. Jünemann und M. Kaldauke war dies aber im wesentlichen Angelegenheit der Männer, die Frauen waren nur bei großen Mitgliederversammlungen und Jahresfesten dabei[41].

Aufbau, Organisation und Koordinierung der Arbeiterwohlfahrt und Frauengruppen im Unterbezirk Göttingen sind mit den Namen der Frauen Sophie Werzeiko in Münden und Auguste Jünemann in Einbeck verbunden. Sophie Werzeiko gründete 1922 die Arbeiterwohlfahrt und einige Zeit später die "Sozialistische Frauengruppe" in Münden. Sie arbeitete beim Bezirksvorstand der Arbeiterwohlfahrt in Hannover mit und stand mehreren Frauentagen des Unterbezirks Göttingen vor. Ab 1919 war sie eines von 2 weiblichen SPD-Mitgliedern im Bürgervorsteherkollegium. Sie starb am 19.11.1975. Auguste Jünemann war etwa ab 1928/1929 Vorsitzende der Arbeiterwohlfahrt und der SPD-Frauengruppe in Einbeck und ebenfalls im Bezirksvorstand der Arbeiterwohlfahrt in Hannover. 1929 und 1933 wurde sie als einzige Vertreterin der SPD ins Bürgervorsteherkollegium gewählt. Nach 1945 gründete sie wieder die Ortsgruppe der Arbeiterwohlfahrt, wurde Ratsmitglied und baute die SPD-Frauengruppe mit auf. In den 60er Jahren Einbecks erste Bürgermeisterin, lebte Auguste Jünemann seit 1968 im Ruhestand und verstarb am 30.12.1982.

Wahlplakat der SPD zur Nationalversammlung 1919
(Quelle: Archiv der sozialen Demokratie/Bonn)

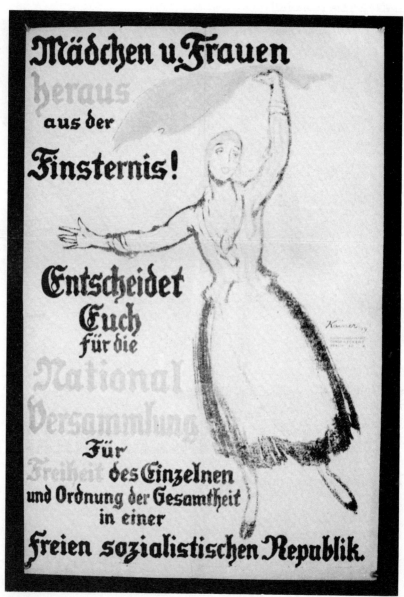

Wahlplakat der USPD zur Nationalversammlung 1919
(Quelle: Archiv der sozialen Demokratie/Bonn)

Morgenausgabe
Nr. 230
A 116 47. Jahrgang

Vorwärts
Berliner Volksblatt
Zentralorgan der Sozialdemokratischen Partei Deutschlands

Sonntag
18. Mai 1930
Groß-Berlin 15 Pf.
Auswärts 20 Pf.

Redaktion und Verlag: Berlin SW 68, Lindenstraße 3   Vorwärts-Verlag G. m. b. H.

Tag der Frauen.
Von Marie Juchacz.

Als die Genossinnen auf der Internationalen Frauenkonferenz in Kopenhagen 1910 beschlossen hatten, in jedem Jahr und in jedem Lande einen Frauentag abzuhalten, handelte es sich in erster Linie um die Erweckung der Masse der Frauen für die Forderung des Frauenwahlrechts. Die Genossinnen fühlten die Pflicht zur Propaganda, die große Mehrzahl der Frauen war von dem Gedanken noch nicht erfaßt. Mit dem Augenblick, wo proletarische Frauen von der sozialistischen Bewegung ergriffen wurden, war es für sie und für die Gesamtpartei selbstverständlich, daß das Wahlrecht für die Frauen zu fordern und darum zu kämpfen sei.

Wir leben sehr schnell. Wer kann sich heute noch eine Vorstellung machen von der politischen Unfreiheit der damaligen Zeit? ...

Die Sozialdemokratische Partei Deutschlands kann, auch soweit ihre Stellung zur politischen Gleichberechtigung der Frauen in Frage kommt, stolz auf ihre Vergangenheit sein. ...

Eine der wenigen Titelseiten des Vorwärts, die der Frauenfrage gewidmet sind (Quelle: Archiv der sozialen Demokratie/Bonn)

Marie Juchacz, Leiterin des Frauenbüros beim Parteivorstand, Vorstandsmitglied, Reichstagsabgeordnete, Hauptrednerin beim Sozialdemokratischen Frauentag 1926 in Northeim und 1932 in Göttingen, während einer Rede 1919
(Quelle: Archiv der sozialen Demokratie/Bonn)

Elise Bartels, einzige weibliche SPD-Abgeordnete des hiesigen Bezirks für den Reichstag 1920 - 1925, mit ihren beiden Töchtern als Leiterin einer Gruppe der Arbeiterjugend 1910
(Quelle: Privatbesitz der Elfriede Denecke/Hildesheim)

In Münden lebt noch Marie Kaldauke, angeheiratete Nichte von Frau Werzeiko. Sie kann sich an die Anfänge nach 1920 erinnern, da sie bis 1933 bei der Arbeiterwohlfahrt und in der Frauengruppe mitarbeitete. Sie war aktiv in der Wiederaufbauphase nach 1945 und saß zusammen mit Sophie Werzeiko lange Jahre im Rat der Stadt. In Einbeck weiß Marianne Neumann noch viel zu berichten. Sie ist die Tochter von Regine Leifhold, Hebamme, 1919 - 1929 Vorgängerin von Auguste Jünemann als Bürgervorsteherin. Mit ihrer Mutter besuchte Marianne Neumann schon Mitte der 20er Jahre regelmäßig die Frauengruppe und beteiligte sich an den Aktionen der Arbeiterwohlfahrt. Anfang der 50er Jahre war sie mehrere Jahre Vorsitzende der Frauengruppe[43].

Die Frauen kamen entweder aus Familien, wo der Vater - seltener die Mutter - und/oder die Brüder aktiv in Organisationen der Arbeiterbewegung mitarbeiteten[44], und/oder heirateten in Familien mit sozialdemokratischer Tradition[45].

Es war ungewöhnlich in der Weimarer Republik kurz nach der Einführung der gesetzlich verankerten Gleichberechtigung der Frau, wenn Frauen politisch arbeiteten. Diese Frauen mit Familientradition in der Arbeiterbewegung hatten offensichtlich weniger Widerstände zu überwinden. Leider ist aber vieles in der Erinnerung abhanden gekommen: So erklärte z.B. Frau Jünemann, daß sie nie Probleme gehabt hätte, sich als Frau auf Kommunalwahllisten durchzusetzen, während Marianne Neumann - über ihre Mutter Regine Leifhold - und Gerda Eisfeld genau Gegenteiliges berichteten.

Die Frauen dürften allerdings weniger als andere Widerstände ihrer Männer und ihrer Umgebung zu überwinden gehabt haben, wenn sie überdurchschnittlich viel Zeit für Arbeit außerhalb der Familie aufbrachten[46].

Durch die im 14-tägigem Rhythmus stattfindenden Sitzungen von Arbeiterwohlfahrt und Frauengruppe, also mindestens einem Termin in der Woche, dazu vorbereitende Besprechungen und Parteiversammlungen - auch wenn nicht immer alle Frauen dort hingegangen sind - hatten die Frauen eine große Anzahl von Stunden außerhalb der Familie Arbeit.

Viel schwerer hätten die Frauen die Zeit und Energie für Arbeit in der Arbeiterwohlfahrt, der Frauengruppe und der Partei aufgebracht, wenn sie neben der Versorgung ihrer Familie noch erwerbstätig gewesen wären. Keine der Befragten berichtete, daß die Hausarbeit gleichmäßig verteilt worden sei, die Männer sprangen höchstens in Notfällen ein.

Es war für alle schon wegen der Betreuung der Kinder selbstverständlich, ihre berufliche Tätigkeit aufzugeben. Sophie Werzeiko z.B. ernährte ihre drei Kinder, nachdem ihr erster Mann 1917 vor Verdun gefallen war, durch Heimarbeit. Es ist wahrscheinlich, daß die Sorge um ihre Kinder auch ein Grund für die Wiederheirat gewesen ist.

Schwangerschaften und Geburten der Kinder brachten eine zeitweilige Unterbrechung oder Behinderung der politischen Arbeit, die aber bald wieder aufgenommen wurde[48].

2.3. Frauenpresse

Die Relevanz der Presse für eine Politisierung der Frauen wurde anhand der Diskussionen auf verschiedenen Parteitagen bereits angesprochen[49]. Hiervon wurde in der regionalen SPD-Zeitung "Göttinger Volksblatt" zwar berichtet, aber wie so oft blieben die Überlegungen in der Parteileitung ohne praktische Konsequenz an der Basis.

Die Frauenwelt war im Unterbezirk unter den Genossinnen verbreitet, aber kaum bei anderen Frauen. Im "Göttinger Volksblatt" fand sich regelmäßig ein Hinweis, wenn die neue Ausgabe der "Frauenwelt" erschienen war. Die Zeitschrift konnte bei den Verkaufsstellen des "Göttinger Volksblattes" erworben werden[50]. Die "Frauenwelt" wurde jedoch nicht ohne kritische Vorbehalte rezipiert, "die vor allem in der Gestaltung liegen". Sie glich äußerlich den bürgerlichen Modezeitungen, würde aber als sozialdemokratische Zeitung nicht neben ihnen bestehen können, da nicht genug geworben würde[51].

Lange Zeit enthielt die Frauenbeilage des "Göttinger Volksblatts" regelmäßig eine Seite Werbung für die "Frauenwelt". Es wurde speziell der Modeteil angepriesen.

Die vielfach in der "Genossin" empfohlenen "Frauenwelt"-Abende gab es im Unterbezirk Göttingen wenig. Der Grund dafür konnte nicht geklärt werden. Solche Veranstaltungen dienten ausdrücklich der Werbung neuer Leserinnen: Es wurden Artikel verlesen, Diskussionen darüber veranstaltet, besonders der Modeteil erläutert und sonstige Darbietungen (Gesang, Theater etc.) vorgeführt. Auf diese Weise wurden auch neue Parteimitglieder geworben.

Die "Genossin" war im Unterbezirk Göttingen weniger stark verbreitet[52], sie lag nur den führenden Frauen einzelner Ortsgruppen vor. Hier und da wurden Artikel in der Frauengruppe vorgelesen, um anschließend darüber zu diskutieren[53].

Das "Göttinger Volksblatt" war die Tageszeitung der aktiven Sozialdemokraten. An den ausführlichen allgemeinen politischen Teil und mehrere Beilagen (teils in unregelmäßiger Erscheinungsweise) schlossen sich ausführliche Lokalteile an. Monatlich erschien eine Frauenbeilage. Ab 1930 nahm der Umfang des Mündener Lokalteils rapide ab, da es zu dieser Zeit eine eigene Ausgabe für Münden, das "Mündener Volksblatt" gab[54].

Im Lokalteil wurden regelmäßig die Termine aller Gruppen der sozialdemokratischen Arbeiterbewegung bekanntgegeben, sowohl öffentliche als auch parteiinterne (z.B. Vorstandssitzungen). Einige Tage später wurde über die Diskussionsergebnisse berichtet. Nach Jahreshauptversammlungen wurden manchmal die Jahresberichte wiedergegeben; von öffentlichen Versammlungen gab es kurze Berichte über deren Wirkung und die

Zahl der Teilnehmer. Im allgemeinen jedoch sind diese Berichte unvollständig gewesen: Manchmal war nur der Name des/der Referenten/Referentin, ein andermal nur das Thema verzeichnet, dann wurde nur von der zustimmenden Aufnahme oder Kritik seitens der Besucher berichtet, oder es wurden bestimmte Kreise der Bevölkerung (z.B. Frauen und Mädchen der Arbeiter, die nicht politisch organisiert waren) zu einer Veranstaltung eingeladen.

Die monatliche Frauenbeilage[55] wurde von der Redaktion des "Göttinger Volksblattes" mitgestaltet. Keine der Frauengruppen des Unterbezirks nahm Einfluß auf Inhalt und Gestaltung. Artikel mit politischem Gehalt waren stark unterrepräsentiert, höchstens zu Wahlkampfzeiten gab es Artikel agitatorischer Art. Vorlagen des Frauenbüros - Artikel von Marie Juchacz etc. - wurden direkt übernommen. Meist entsprachen die Artikel dem, was auch heute noch als traditionelles Interesse der Frauen angesehen wird: Erziehungsfragen, Probleme der Haushaltsführung, Kinderseite, Modeangelegenheiten, schöngeistige Literatur.

Im allgemeinen politischen Teil des "Göttinger Volksblatts" fanden sich wenig Artikel zu Frauenfragen und deren Auswirkungen: 1924 z.B. erschienen sechs Artikel, 1930 vier Artikel und vier Aufrufe.

Allerdings wurde über die Frauenkonferenzen nach bzw. vor den Parteitagen der SPD mindestens eine Seite berichtet. Auf die Frauentage des Unterbezirks Göttingen wurde schon ein oder zwei Tage vorher mit langen Artikeln direkt vorbereitet und anschließend eingehend berichtet. Die Ausführlichkeit der Berichterstattung ließ in den 30er Jahren merklich nach. Es könnte sein, daß hier die wachsende Relevanz des Nationalsozialismus eine Rolle gespielt hat.

Nur einmal ist der Artikel einer Frau aus dem aktiven Kreis der Frauengruppe im Unterbezirk Göttingen abgedruckt worden: Auguste Jünemann über den Stellenwert der Wohlfahrtpflege im Zusammenhang mit der Frauenbewegung in Einbeck, veröffentlicht im Lokalteil Einbeck des Göttinger Volksblattes am 20.7.1929. Dies ist auch das einzige schriftliche Zeugnis von einer der Frauen aus der Weimarer Zeit, über deren politische Arbeit diese Untersuchung Aussagen machen will. Auguste Jünemann selbst konnte sich leider nicht mehr erinnern.

2.4. Die Arbeiterwohlfahrt

Die Entstehung der Ortsausschüsse für Arbeiterwohlfahrt

Die Gründungszeit der Ortsausschüsse für Arbeiterwohlfahrt in Münden und Einbeck ist nicht schriftlich belegt. In Münden läßt sich die Entstehung und Anfangsphase anhand der Erinnerungen von Marie Kaldauke gut rekonstruieren. Demnach war die erste Aktion eine Initiative zur Versorgung armer Familien zum Weihnachtsfest 1921[56].

Die Konstituierung eines Ortsausschusses für Arbeiterwohlfahrt war Mitte/Ende 1922[57]. Interessierte Frauen trafen sich im Gasthaus "Zum Schiff" (heute "Weserklause") neben dem Konsumverein. Es wurden zwei Grundsatzreferate gehalten: einmal über die Intentionen von Marie Juchacz zur Gründung der Arbeiterwohlfahrt 1919, zum zweiten über die Notwendigkeit sozialdemokratischer Wohlfahrtsarbeit in Münden. Anwesend waren Frauen, die schon aus dem Kreis der Mündener Arbeiterbewegung bekannt waren; viele hatten als Kriegerwitwen schon ältere Kinder und mehr Zeit für soziale und politische Arbeit.

Zum ersten Vorsitzenden wurde Sophie Werzeiko gewählt, sie blieb bis 1933 in diesem Amt. Zunächst war Lotte Dörfler Kassiererin, ihr Mann Ernst Dörfler übernahm die buchhalterische Arbeit für sie. Später wurde sie von Marie Kaldauke abgelöst, die diese Aufgaben bis zur Geburt ihres Sohnes 1928 wahrnahm.

Der erste schriftliche Beleg für Aktivitäten der Arbeiterwohlfahrt ist eine Zeitungsnotiz im "Göttinger Volksblatt" vom 1.5.1924, wo zu einer Besprechung der Helferinnen über die Ferienausflüge für Schulkinder im kommenden Sommer eingeladen wurde[58].

In Einbeck waren schon im 1. Weltkrieg viele weibliche Mitglieder für die SPD geworben worden. Zudem war es üblich, daß ganze Familien in der Partei angemeldet wurden, so auch die Frauen[59].

Schon für 1920 sind Aktivitäten im Wohlfahrtsbereich belegt, die teils von der Arbeiterbewegung mitgetragen wurden. Im Oktober des Jahres wurde eine Wohltätigkeitsveranstaltung[60] zugunsten der Kinder von Kriegsteilnehmern und Hinterbliebenen abgehalten. Eine Gruppe der Arbeiterjugend hatte mit musikalischen, gymnastischen und anderen Darbietungen an der Gestaltung und Unterhaltung mitgewirkt.

Vom städtischen Wohlfahrtsamt - wo die SPD-Bürgervorsteherin und Hebamme Regine Leifhold[61] mitarbeitete - organisierte Veranstaltungen wie z.B. ein Aufklärungsfilm über Geschlechtskrankheiten[62] oder ein Lehrfilm über Säuglings- und Kleinkinderpflege[63] wurden durch Vorankündigungen in der Parteizeitung von der SPD unterstützt.

Um die Genossinnen Regine Leifhold und Luise Grude[64] sammelte sich bald eine Gruppe, die etwa ab 1921 Ferienausflüge für Schulkinder aus Arbeiterfamilien betreute[65].

Der Ortsausschuß für Arbeiterwohlfahrt wurde in Einbeck 1924 aus der gerade gegründeten Frauengruppe heraus gebildet: Die Frauengruppe wählte aus ihrer Mitte eine Arbeitsgruppe, die zusammen mit dem Vorstand der Frauengruppe die Arbeit der Arbeiterwohlfahrt organisierte[66]. Federführend in der Arbeiterwohlfahrtsarbeit war die Genossin Grude[67].

Anders als in Einbeck entstand in Münden und auch in anderen Orten des Unterbezirks die Frauengruppe aus dem Kreis der Frauen, die im Ausschuß für Arbeiterwohlfahrt arbeiteten[68].

Der Stellenwert der Arbeiterwohlfahrt in der SPD-Kommunalpolitik

Wurden in Münden und Einbeck nach und nach alle Lebensbereiche durch die Arbeiterbewegung mitbestimmt[69], so durfte auch der wichtige Bereich der Wohlfahrtspflege nicht ausgeklammert werden. Gerade Arbeiterfamilien gerieten oft in soziale Notlagen[70]. So unterstützten Sozialdemokraten den Aufbau der städtischen Wohlfahrtsarbeit. In Münden stand die Arbeiterwohlfahrt in ihren Leistungen an erster Stelle unter allen Wohlfahrtsverbänden[71]. Die Tatsache, daß die SPD in den städtischen Kollegien (Bürgervorsteherkollegium, Magistrat) von 1919 bis 1924 die Mehrheit innehatte[72] wird den Aufbau der Mündener städtischen Wohlfahrt nicht unwesentlich begünstigt haben. Die Sozialdemokraten verstanden diese Arbeit nicht als Verwaltungs- und Finanzgeschäft, womit man sich in den Rathäusern mehr beschäftigte, sondern als Notwendigkeit, die die ganze menschliche Persönlichkeit und Einfühlsamkeit erfordere[73]. Dies wurde von den befragten Frauen immer wieder betont. Nach einem Bericht über eine Parteiversammlung im September 1924 ging Sophie Werzeiko bei ihrer Arbeit von der Prämisse aus: Die Arbeiterwohlfahrt habe dort einzusetzen,

"wo wirklich Not vorhanden ist und daß die Genossinnen diese Tätigkeit anders auffassen wie die anderen Verbände"[74].

In den ländlichen Gebieten wie dem Unterbezirk Göttingen tauchte immer wieder die Schwierigkeit auf, Frauen politisch zu aktivieren[75]. Die Wohlfahrtsarbeit wurde einerseits als geeignetes Medium zur Politisierung der Frauen angesehen, reduzierte die Möglichkeiten aktiver politischer Arbeit dadurch, daß sie als "ureigenstes Gebiet der Frau"[76] galt. Die ersten Aktionen der Arbeiterbewegung für Wohlfahrtspflege in Einbeck, die in die Inflationszeit zurückreichen, gingen - nach Meinung von Auguste Jünemann -

"nicht nur um Ausübung von Wohltätigkeit, sondern auch um möglichst in allen Körperschaften des öffentlichen Lebens durch ihre Vertretung die Forderungen der Arbeiterschaft zur Geltung"

zu bringen[77].

Münden und Einbeck gehörten neben Göttingen, Grone, Northeim, Uslar und Osterode zu den ersten Orten, die im Unterbezirk Göttingen Ortsausschüsse für Arbeiterwohlfahrt und Frauengruppen gebildet hatten[78].

Die beiden Gruppen waren wohl auch die aktivsten und wurden von Frauen geleitet die sich eine aktiv nach außen gerichtete Arbeit zutrauten. Münden schickte die Genossin Werzeiko und Einbeck die Genossin Grude regelmäßig zu den Bezirkstagungen der Arbeiterwohlfahrt nach Hannover. Ab 1925 waren beide Frauen im Bezirksbeirat der Arbeiterwohlfahrt im Bezirk Hannover vertreten[79].

Luise Grude wurde in dieser Stellung 1929 von Auguste Jünemann abgelöst[80].

Nach Informationen verschiedener Genossinnen und Genossen, die sich oft nur noch spärlich an die Zeit der Weimarer Republik erinnern konnten, wurden Werzeiko in Münden und Jünemann in Einbeck als die Persönlichkeiten genannt, über die sich die aktive Frauenarbeit in der SPD definierte[81].

Wie diese nun aussah, wie die Gruppen der sozialdemokratischen Frauenbewegung entstanden, soll im nächsten Kapitel behandelt werden.

2.5. Die Gründung der Frauengruppen

Die Gründungsphase und die ersten Versammlungen

1923 - einige Monate nach der Konstituierung des Ausschusses für Arbeiterwohlfahrt - wurde in Münden eine Frauengruppe gegründet[82].

Die Gruppe verstand sich wohl als Teil der sozialdemokratischen Frauenbewegung, agierte im Rahmen der sozialdemokratischen Vereine, fühlte sich aber nicht völlig an die Partei gebunden. So gab es auch Arbeiterfrauen, die nicht SPD-Mitglieder waren, aber in der Frauengruppe mitarbeiteten[83].

Im Februar 1924 war - nach Berichten im "Göttinger Volksblatt" zu urteilen - die Frauengruppe in Münden eine bekannte Einrichtung: Am Sonnabend, den 16.2.1924, fand im Schützenhaus eine SPD-Frauenversammlung als Auftakt zu den kommenden Wahlen statt, auf der die Reichstags-Abgeordnete Elise Bartels[84] ein Referat über "Sozialdemokratie und Frauenfrage" hielt[85], wo

"reges Interesse für die hier bestehende Frauengruppe gezeigt wurde".

Vorsitzende der "Sozialistischen Frauengruppe" war zunächst die Genossin Barth, die in Zusammenarbeit mit Sophie Werzeiko die Arbeit von Arbeiterwohlfahrt und Frauengruppe koordinierte[86].

Die Gründung der Frauengruppe in Einbeck ist als Zeitungsbericht schriftlich belegt: Am 12. Februar 1924 fand im Rheinischen Hof eine Wahlvereinsversammlung der SPD statt[87], auf der als Tagungspunkt 3 die "Bildung einer Frauengruppe" zur Debatte stand. Dort hieß es:

"In die Agitationskommission für die Frauen wurden die Genossinnen Grude, Wunderlich, Henne und Bieker gewählt. An alle Frauen möchten wir nun das Ersuchen richten, sich in allen Frauenfragen an diese Genossinnen zu wenden, damit auch in Einbeck das geschaffen wird, was in Orten von gleicher Größe längst geschaffen worden ist und zum Wohle aller Arbeiterfrauen beiträgt."[88].

Zur ersten Sitzung der "SPD-Frauengruppe" am 27.2.1924 im Konsum 1, Steinweg 7, wurde von Frau Grude im "Göttinger Volksblatt" am 26.2.1924 eingeladen: Es sollten alle interssierten Arbeiterfrauen, auch Nichtparteimitglieder, willkommen sein.

Die Mehrheit der Teilnehmerinnen an den Sitzungen der Frauengruppe waren SPD-Mitglieder[89]. Ein Monatsbeitrag von 20 Pfennig war obligatorisch. - Zur Vorsitzenden wurde Luise Grude gewählt, die auch die Einladungen zu den einzelnen Sitzungen und größeren Versammlungen persönlich zeichnete[90].

In den darauffolgenden Jahren wurde der Gründung mit einem besonderen Frauenfest gedacht, wo jeweils ein Tätigkeitsbericht der vergangenen Monate vorgelegt wurde[91].

Die Frauengruppe in Einbeck hatte zusammen mit der Arbeiterwohlfahrt eine eigene Fahne und einen Tischwimpel, den Marianne Leifhold, später verheiratete Neumann, 1927 gestickt hatte: Eine Seite mit der Inschrift "SPD-Frauengruppe" Einbeck, die andere mit dem Emblem der Arbeiterwohlfahrt[92]. Die Fahne wurde zu Parteiversammlungen, Maidemonstrationen und Frauendemonstrationen mitgenommen. Fahnenträgerin war die Kassiererin der Frauengruppe, Minna Lampe[93]. Wimpel und Fahne waren im "Rheinischen Hof" aufbewahrt worden und galten nach dem 2. Weltkrieg lange Zeit als verschollen, wurden aber 1971 wieder gefunden[94].

Die Mitbegründerinnen der Frauengruppen der SPD in Münden und Einbeck verstanden ihre Arbeit ausdrücklich als Gegenpol zu den Aktivitäten der bürgerlichen Hausfrauenvereine, denen alles andere als eine Politisierung der Frauen als Ziel vorschwebte[95].

Die Organisation - Kontakte zu anderen Frauengruppen

Sitzungen der Frauengruppen fanden im allgemeinen 14-tägig statt, im Wechsel mit der Arbeiterwohlfahrt[96]. Im Sommer fanden oft keine Sitzungen statt, da viele Frauen in der Landwirtschaft tätig waren und so wenig Zeit blieb. Anfangs waren die Versammlungsorte öffentliche Lokale[97], später - wahrscheinlich nachdem die Gruppen sich gefestigt hatten und mehr persönlicher Zusammenhalt gegeben war - trafen sich die Frauen nach Möglichkeit in Privatwohnungen[98].

Wichtige Verbindungen und Möglichkeiten für einen Gedanken- und Erfahrungsaustausch boten in beiden Orten Treffen mit den Gruppen der näheren Umgebung[99]. Darüberhinaus waren die Vorstandskonferenzen der Frauengruppen des Unterbezirks und besonders auch die Frauentage des Unterbezirks von Bedeutung, auf die unten noch näher eingegangen wird. Vom Sekretär des Unterbezirks wurde ein- bis dreimal jährlich zu

Frauenvorstandskonferenzen eingeladen: Die Gruppen schickten ihre Vorsitzende bzw. deren Stellvertreterin und ein weiteres Mitglied. Versammlungsort war ein Saal in einem der Orte, wo es eine Frauengruppe gab. Mit Rücksicht auf die Familien und die Arbeit der Frauen fanden solche Tagungen am Sonntagmorgen statt. Die Treffen standen entweder unter einem besonderen Thema, oder eine Referentin war eingeladen worden. Oftmals waren auch organisatorische Angelegenheiten zu besprechen, z.B. die Veranstaltung eines Unterbezirks-Frauentages zu planen oder Berichte an den Bezirksvorstand in Hannover zu verfassen[100].

Die Verbindung mit der örtlichen Parteiorganisation

Auch wenn nicht alle Teilnehmerinnen an den Sitzungen der Frauengruppe Mitglieder in der SPD waren, so spielte die Verbindung zur Partei doch eine Rolle.

Wenn wichtige Parteiveranstaltungen stattfanden, wurden Termine der Frauengruppe kurzfristig abgesagt oder verlegt[101]. Von der Frauengruppe wurde zum Besuch der Versammlung aufgerufen, manchmal auch ein Treffpunkt für alle interessierten Frauen angegeben, von wo aus sie gemeinsam hingingen[102].

Frauenversammlungen oder Veranstaltungen der SPD, die sich besonders an Frauen richteten, wurden von der Frauengruppe organisiert[103]: Es gab Informationsveranstaltungen, Aufklärungsreferate mit anschließender Diskussion, Agitationsversammlungen besonders zu Wahlzeiten.

Die Frauengruppe unterstützte die Parteiarbeit weiter durch Aktionen wie Flugblattverteilen und Hausbesuche im Wahlkampf, zu denen jeweils im "Göttinger Volksblatt" aufgerufen wurde[104]. Solche Aktionen häuften sich am Ende der 20er Jahre.

Für die Veranstaltung von Festen der Arbeiterbewegung war die Zusammenarbeit aller Arbeitervereine selbstverständlich, in diesem Rahmen waren auch die Frauengruppe und die Arbeiterwohlfahrt einbezogen.

In den SPD-Vorständen in Münden und Einbeck waren keine Frauen vertreten. Zu jeder Generalversammlung des SPD-Ortsvereins (die meist einmal jährlich stattfand) wurde eine Genossin beauftragt, über Arbeit und Erfolge zu berichten[105].

Es gab ab 1919 in Münden zwei und in Einbeck eine SPD-Bürgervorsteherin, deren Kandidaturen von der Frauengruppe mitbestimmt wurden[106].

Die Koordinierung der Frauenarbeit im Unterbezirk Göttingen und im Bezirk Hannover

Die Frauentage des Unterbezirks Göttingen

Regelmäßig wurde die Arbeit der örtlichen Frauengruppen durch den Gedankenaustausch auf Frauenvorstandskonferenzen des Unterbezirks und auf den jährlichen Frauentagen unterstützt. Die Referate, die auf den Unterbezirks-Frauentagen gehalten wurden, vermittelten einen Überblick und Anstöße für die Diskussionen und die Arbeit in den Frauengruppen. Hier und da wurden Kurse für Bürgervorsteherinnen, Helferinnen der Arbeiterwohlfahrt und/oder Frauengruppenvorstände angeboten[107]. Auf den folgenden Seiten wird es darum gehen, Organisation, Ablauf, Ziele und inhaltliche Auseinandersetzungen der Unterbezirk-Frauentage zu thematisieren. Die Frauentage in Einbeck 1925 und in Münden 1927 werden im Zusammenhang mit der politischen Frauenarbeit in Münden und Einbeck nochmals aufgegriffen.

Auf entsprechenden Vorschlag hin wurden Ort und Termin für einen Frauentag jeweils auf dem vorhergehenden festgelegt. Die weiteren Vorbereitungen oblagen den Unterbezirk-Frauenkonferenzen in Zusammenarbeit mit dem Sekretär des Bezirks, der durch seine Verbindung zum Frauenbüro Referentinnen engagierte. Die konkrete Ausgestaltung des Tages (Tagesordnung, Saal mieten, Ausschmücken, Mittagessen, Demonstration und Kundgebung, Kaffee und/oder Spaziergang) übernahm die örtliche Frauengruppe in Absprache mit den anderen Frauengruppen.

Aus der Mitte der Anwesenden wurde ein Büro gewählt, welches aus einer Vorsitzenden, deren Stellvertreterin und zwei bis drei Schriftführerinnen bzw. Beisitzerinnen bestand. Aufgabe der Vorsitzenden war es, die Veranstaltung zu leiten: Sophie Werzeiko/ Münden hatte 1927 - 1931 die Leitung inne, Einbeck stellte 1925 die Genossin Grude und 1927, 1929 und 1932 die Genossin Jünemann[108].

Die Frauentage fanden an einem Sonntag im Sommer statt. Teilweise begannen die Veranstaltungen schon samstags, die meisten Teilnehmerinnen erschienen erst sonntags. In den einzelnen Frauengruppen waren schon Monate vorher sogenannte "Reisekassen" angelegt worden, die minderbemittelten Genossinnen die Fahrt zum Frauentag ermöglichten[109]. Für die Anreise wurden beschwerliche, lange Wege in Kauf genommen. Nach Duderstadt 1930 hatte die SPD sogar einen Sonderzug organisiert. Ansonsten kamen die Frauen je nach Verkehrslage und Entfernung mit einem fahrplanmäßigen Zug, Bus, LKW, Leiterwagen, seltener mit dem Auto, per Rad oder zu Fuß[110].

Jede Frauengruppe sollte für 10 Mitglieder eine Delegierte schicken. Wenn keine Frauengruppe am Ort bestand, waren alle organisierten Frauen eingeladen. De facto nahmen alle Genossinnen, denen es irgendwie möglich war, am Frauentag teil[111]. Das führte 1932 in Göttingen dazu, daß mit über 600 Teilnehmerinnen mehr als die Hälfte aller organisierter Frauen anwesend war[112]. Ein bis zwei Wochen vorher wurde durch eine Anzeige im "Göttinger Volksblatt" die Tagesordnugn des Frauentages neben den anderen notwendigen Informationen bekanntgegeben (Anfangszeit, Tagungsort etc.). Einige Tage vor dem eigentlichen Termin wurde über die Enstehung der Arbeiterbewegung in dem jeweiligen Tagungsort informiert. Am Versammlungstag selbst wurden Grußworte des Unterbezirk-Vorstandes veröffentlicht.

Den organisatorischen Ablauf eines Frauentages kann man sich folgendermaßen vorstellen: Die Teilnehmerinnen wurden mit einer Musikkapelle (meist der des Reichsbanners) zum Versammlungslokal geführt. Nach der Bürowahl eröffnete die gewählte Vorsitzende die Veranstaltung offiziell. Neben verschiedenen Grußadressen wurden mündliche oder schriftliche Berichte der einzelnen Frauengruppen vorgelegt[113]. und darüber diskutiert. Ein Referat mit anschließender Diskussion von einer prominenten Vertreterin der SPD-Frauenbewegung zu einem entweder aktuellen oder programmatischen Thema vorgetragen, bildete den Höhepunkt. Meist gab es anschließend Anträge und Entschließungen zu aktuellen Themen, dem sich eine allgemeine Aussprache über Geschäftliches, die Planung der zukünftigen Arbeit mit der Festlegung des nächsten Frauentages anschloß[114]. Nach einem gemeinsamen Mittagessen wurde eine Demonstration durch den Ort veranstaltet, die mit einer Kundgebung und Ansprache vor dem Rathaus endete. Ein gemütliches Kaffeetrinken oder ein Spaziergang beendeten den Tag.

Die Tatsache, daß regelmäßig prominente Vertreterinnen der SPD-Frauenbewegung an den Frauentagen des Unterbezirks Göttingen teilnahmen[115], zeigt den Stellenwert, der ihnen von seiten der Leitung in Berlin beigemessen wurde. Derartige Veranstaltungen, die dem Unterbezirk Göttingen einen Teil seines enormen Aufschwungs brachten, waren in anderen Gegenden weniger verbreitet.

Die Frauentage des Unterbezirks Göttingen in der Weimarer Republik

Jahr	Ort	Zahl der Teilnehmerinnen	Hauptreferat
1923[116].	Northeim	12 Frauen 90 Männer	?
1924	Göttingen	-	"Proletarische Frauenarbeit"
1925	Einbeck	-	Mathilde Wurm: "Die Frau in der deutschen Republik"
1926	Northeim	160 Teilnehmerinnen (davon 51 aus Einbeck und 24 aus Münden)	Marie Juchacz: "Das Heidelberger Programm und die Frauen

1927	Hann. Münden	250 Teilnehmerinnen	Gertrud Hanna: "Die geschichtliche Bedeutung des Kampfes der Frau um politische und wirtschaftliche Gleichberechtigung"
1928	Uslar		Maria Reese: "Die organisatorische und rechtliche Stellung der Arbeiterfrau"
1929	Osterode	400 Teilnehmerinnen	Elisabeth Kirschmann-Roehl: "Die Frau in der Politik und in der Arbeiterwohlfahrt"
1930	Duderstadt	ca. 500 Teilnehmerinnen	Marie Arning: "Die Frau und der Sozialismus"
1931	Bad Lauterberg	627 Teilnehmerinnen	Anna Zammert: "Die Frau in der Wirtschaft"
1932	Göttingen	über 600 Teilnehmerinnen	Marie Juchacz: "Die Gefahren der politischen Krise für die Frauen"
1933	geplant in Einbeck		

Über den 1. Frauentag 1923 in Northeim kann nichts Inhaltliches berichtet werden[117].; auch 1924 gab es nur eine kurze Zeitungsnotiz, die die Konferenz als einen "wichtigen Abschnitt in der Parteibewegung Südhannovers" wertete:

"Der Kampf um den Sozialismus ist nicht mehr zu trennen von dem Kampf um die Befreiung der Frau. Beide Bewegungen gehören eng zusammen ... Die volle Gleichberechtigung wird die Frau erst im Sozialismus erringen ..."[118].

Im Aufruf für den Frauentag 1925 in Einbeck hieß es

"Macht den Frauentag ... zu einer eindrucksvollen Kundgebung für die Eingliederung der Arbeiterfrage in das politische Leben Deutschlands ... Zeigt den Willen der Arbeiterfrau und Arbeitermutter mitzuwirken an der Befreiung des Proletariats von den kapitalistischen Fesseln."[119].

Die Frauenbewegung stellte sich in den Frauenveranstaltungen bewußt als Teil der Arbeiterbewegung dar, deren Endziele sie unterstützte, getreu den Intentionen August Bebels:

"Dem Sozialismus gehört die Zukunft, d.h. dem Arbeiter und der Frau."[120].

Dieser Satz schmückte auf Spruchbändern die Säle mehrerer Frauentage, so auch in Einbeck, und wurde auf den Frauendemonstrationen durch die Straßen getragen[121].

Die Frauen hatten den Anspruch,

"der politischen Erziehung zu dienen, die Aufklärung in den eigenen Reihen zu vertiefen und dabei auf Frauenart in Betätigung auf dem ureigensten Gebiet der Frau, in der Wohlfahrt, zu wirken"[122].

Mathilde Wurm[123] hielt ein zweistündiges (!) Referat über "Die Frau in der deutschen Republik"[124] mit der Schlußfolgerung:

"Sozialismus muß in der Arbeiterfamilie gelebt werden, das bedeutet eine andere Stellung zu Frau und Tochter."

Die Frau könne allerdings nicht ad hoc die volle Gleichberechtigung erwarten, da sie erst seit fünfzig Jahren in das geschichtliche Bewußtsein eingetreten sei; es bedürfe einer langen Entwicklung, bis sich das bisher vorherrschende Männerrecht den Forderungen der Frauen beuge. Durch die Industrialisierung und der damit notwendigen Erwerbstätigkeit der Frau sei es zur Doppelbelastung gekommen (10 Millionen Frauen seien in Deutschland 1925 erwerbstätig).

"Aber die Frau muß das männliche Vorbild überwinden und muß nicht im Nachmachen ihr Ziel sehen, sondern im Herausstellen der weiblichen Eigenart, im selbstständigen Denken und Handeln."[125].

Dazu gehöre z.B. die Anerkennung der Mutterschaft als höherer Wert verglichen mit Waffentragen und Gewalt.

Am Ende des Referates stellte Mathilde Wurm folgende Forderungen zur Diskussion[126]:

- Gleichstellung des unehelichen Kindes (Versorgung, Erbrecht. Recht auf den Namen des Vaters)

- Anerkennung von Hausarbeit und Kindererziehung als wertvolle gesellschaftliche Arbeit

- Streichung des § 218

- Erlangung größerer politischer Macht durch die Frauen, um die Gesetzgebung besser zu beeinflussen.

Es handelte sich hier um Anregungen, die den Erfahrungen und Problemen der anwesenden Frauen entsprachen. Im Unterbezirk Göttingen waren überwiegend Hausfrauen und Mütter Mitglieder der SPD[127].

Der vierte Frauentag in Northeim am 4. Juli 1926, begann mit einem Gedenken an die verstorbene Elise Bartels, die als Mitbegründerin der Unterbezirk-Frauentage galt.

Die Repräsentantin der sozialdemokratischen Frauenbewegung, Marie Juchacz[128], hielt ein Referat über "Das Heidelberger Programm und die Frauen". Das neue Parteiprogramm sei ein enormer Fortschritt gegenüber dem Erfurter Programm, da es die völlige Gleichstellung von Frau und Mann befürworte. Grundsätzlich sei dies schon vorhanden, es würde aber in der politischen und gesellschaftlichen Praxis nicht danach gehandelt. Darum müßten die Frauen weiterhin ihre endgültige Befreiung selbst in die Hand nehmen, allerdings nur in Zusammenarbeit mit den Männern der Arbeiterbewegung[129]. 1927 in Münden hielt Gertrud Hanna[130] ein Referat über "Die geschichtliche Bedeutung des Kampfes der Frau um die politische und wirtschaftliche Gleichberechtigung", in dem sie ausdrücklich "das Recht, im öffentlichen Leben mitzuwirken" für die Frau aufgrund ihrer doppelten Aufgabe (Hausfrau und Arbeiterin) hervorhob. Inzwischen seien schon 150.000 Frauen politisch und 750.000 Frauen gewerkschaftlich organisiert. - Obwohl die Sozialisten 1918 den Frauen die politische Freiheit gebracht hätten, liefen die Frauen heute vielfach den Parteien nach, die ihnen alle Rechte versagten und das traditionell bürgerliche Frauenbild konservieren wollten.

"Das Wirtschaftsleben von heute kann aber weder die Frauenarbeit entbehren, noch können die Frauen auf ihre Arbeit im Wirtschaftsleben verzichten."[131].

Im Grußwort zum Frauentag 1928 in Uslar formulierte Paul Lehmann, Sekretär des Unterbezirks[132]:

"Das Aufsteigen der Frau in unseren eigenen Reihen zu fördern und ihre Mitarbeit im Dienste des Sozialismus voll in Anspruch zu nehmen, ist die Aufgabe der speziellen Organisation der Frau."

Maria Reese[133] referierte über "Die organisatorische und rechtliche Stellung der Arbeiterfrau". Die Frauenfrage wurde von ihr weitgehend auf die rechtliche Gleichstellung der Frau reduziert. Hier müsse die Arbeiterfrau selbst entscheidend eingreifen, da sie aktiv auch als Hausfrau am Wirtschaftsleben beteiligt sei. Problematisch sei dies nur insofern, als die Welt nicht auf Gerechtigkeit basiere, sondern auf den Notwendigkeiten der wirtschaftlichen Ansprüche des Kapitalismus, der die Frauen als Konsumenten und billige Arbeitskräfte brauche. - In der anschließenden Aussprache betonte Genossin Evers/Hannover den Frauenkampf als Teil des Klassenkampfes, der keine Erfindung der Arbeiter sei, sondern diesen vom Bürgertum durch seine Ausbeutung aufgezwungen worden sei[134].

In Vertretung für Marie Juchacz, die verhindert war, hielt deren Schwester Elisabeth Kirschmann-Roehl[135] auf dem Frauentag 1929 in Osterode eine Rede über "Die Frau in der Politik und in der Arbeiterwohlfahrt". Zu Beginn erklärte sie die Entstehung der proletarischen Frauenbewegung als Reaktion auf gesellschaftliche Veränderungen infolge der Frauenerwerbsarbeit. Die Erkenntnis, daß den veränderten Anforderungen an die Frauen auch Erziehung und Familienleben angepaßt werden müßten, habe sich bisher nicht durchgesetzt. Dies zeige sich u.a. auch in der schwachen Mitarbeit der Frauen in politischen und gewerkschaftlichen Organisationen. Sogar das Recht auf Arbeit sei seit dem Ende des 1. Weltkrieges mit der Begründung umstritten, die Frauen nähmen den Männern Arbeitsplätze weg. Arbeitslosigkeit müsse aber mit anderen Mitteln bekämpft werden[136].

Darum sei nach wie vor die Forderung "Gleicher Lohn für gleiche Arbeit" wichtig. Durch eine angemessene Berufsausbildung der Mädchen könnten auch die weit verbreiteten Minderwertigkeitsgefühle der weiblichen Jugendlichen behoben werden, so daß Chancen für eine Politisierung gegeben seien. - In diesem Zusammenhang spiele die Arbeit der Arbeiterwohlfahrt eine entscheidende Rolle - ein Gebiet, welches der Frau besser liege als theoretische Auseinandersetzungen. Wichtig sei eine Erweiterung der Schulungsarbeit, die Zusammenarbeit mit den städtischen Behörden, die Demokratisierung der Verwaltung.

"Parteiarbeit und Wohlfahrtsarbeit, das ist eins für die Frau!"

schloß Kirschmann-Roehl[137].

Höhepunkt des Frauentages 1930 in Duderstadt war der Vortrag von Marie Arning[138]. über "Die Frau und der Sozialismus"[139].: Es handelte sich um eine Beschreibung der Entwicklung der sozialdemokratischen Frauenbewegung von den Anfängen bis zum Ende des Weltkrieges, mit einer ausführlichen Darstellung von August Bebels Hauptthesen[140].

Heute sei die Frau ein bedeutender Faktor im Wirtschaftsleben, die auch den gleichen Lohn für gleiche Arbeit verdiene. Andererseits war M. Arning noch besonders stark dem traditionellen Frauenbild verhaftet, wie sich in der folgenden Aussage zeigte:

"Auch wir sind der Überzeugung, daß der natürlichste Beruf der Frau der der Hausfrau ist",

aber dafür müßten erst einmal die gesellschaftlichen Voraussetzungen geändert werden.

Sophie Werzeiko war am Ende begeistert, daß der Tag wieder einmal gezeigt habe, "wie heilig der Sozialismus" sei[141]. Rosa Helfers[142]. problematisierte noch einmal die Rolle der Frau als Hausfrau und Mutter, und schloß:

"Wir Frauen wollen gebären und erziehen, wir wollen aber nicht, wenn sie erwachsen sind, anderen das Verfügungsrecht überlassen. Wir wollen sein ein einig Volk von Schwestern, in keiner Not uns trennen noch Gefahr."[143].

An der anschließenden Kundgebung beteiligten sich über 1000 Frauen (und Männer). Rosa Helfers betonte in ihrer Ansprache vor dem Rathaus die Gemeinsamkeiten der Frauenbewegung mit der Arbeiterbewegung.

"Das war die neue Welt, die einzog, um Duderstadt zu erobern. Nicht mit Waffengewalt oder Gebrüll wie es Nazis und Kommunisten belieben, sondern mit dem Willen, die Herzen und Hirne der Duderstädter Frauen und Männer zu gewinnen."

schloß der Bericht im "Göttinger Volksblatt".

Im Geleitwort des Unterbezirk-Sekretärs Richard Borowski zum Frauentag 1931 in Bad Lauterberg fand eine Auseinandersetzung mit der Haltung der NSDAP gegenüber den Frauen statt. Die SPD setzte sich gegen "lügenhaften Versprechungen der Nazis" und "die verlogenen Phrasen der Kommunisten" ab[144].

Im Mittelpunkt des Frauentages stand das Referat von Anna Zammert über "Die Frau

Frauen im Kampf gegen den Faschismus!

Dienstag, den 3. Februar, 19½ Uhr, Frauenkundgebung im Saalbau Friedrichshain / Redner: Staatsanwalt Dr. Hoegner, M.d.R.

gegend des Schlesischen Bahnhofs ungeheure Aufregung. Die Gastwirtschaften schlossen schleunigst die Türen und ließen auch die Jalousien herunter, da man mit einer Weiterführung des Kampfes in den Lokalen selbst rechnete, die alle mehr oder weniger von den Ringvereinen kontrolliert und beherrscht werden. Inzwischen war jedoch auch das Ueberfallkommando herangekommen, das so rechtzeitig erschien, daß die Kämpfenden nicht mehr flüchten konnten. Einer der Haupttäter, ein gewisser Max Schweiger, der auf den Boden eines Hauses zu flüchten versuchte, wurde von den Beamten festgenommen, da er einen Revolver und 18 Schuß Munition bei sich führte. Später gelang es, noch einen zweiten Revolverschützen, einen gewissen Wilhelm Kohlke, festzunehmen, der ebenfalls Waffen bei sich führte. Die beiden Täter, die von den Freunden des St. beschuldigt werden, den Schuß auf den Verletzten abgefeuert zu haben, wurden verhaftet und ins Polizeipräsidium gebracht.

Wilderer in der Schorfheide.

Bisher 13 Personen wegen Wilddieberei und Falscheides in Haft.

Im Dezember v. J. wurde, wie wir damals berichteten, dem Wildererunwesen in der Schorfheide ein jähes Ende bereitet. Man hatte die Wilddiebe am Tage auf frischer Tat überrascht und bei den Nachforschungen ergab sich, daß eine ganze Bande von Dieben, Hehlern und Mittelsmännern an der Sache beteiligt war.

Vom Berliner Polizeipräsidium wurde Kriminalkommissar Busdorf mit einigen Beamten entsandt, um gemeinsam mit den Landjägern und staatlichen Förstern den Umfang der seit Jahren betriebenen Wilddiebstähle festzustellen. Nach und nach wurden ... schlagnahmt. Es waren durchweg Geweihe von Rot- und Damhirschen. An den Wilddiebereien beteiligt waren noch drei weitere Einwohner von Groß-Dölln. Seltsamerweise kam bei den Nachforschungen auch ans Licht, daß der Privatförster, dessen Obhut die Gemeindejagd anvertraut war, mit den Wilderern gemeinsame Sache gemacht hatte. Der Privatförster mußte natürlich, wo in den Gatterrevieren die Hirsche zu finden waren und gab den Wildschützen die erforderlichen Tips. Die riesigen Mengen Fleisch konnten die Wilddiebe natürlich nicht selbst verbrauchen oder im Ort unterbringen. Durch Mittelsmänner bekamen sie Verbindung mit zwei bekannten

Aufruf zu einer Versammlung mit Wilhelm Hoegner, einem der führenden Agitatoren gegen den Nationalsozialismus, der sich besonders mit der Rolle der Frau im Dritten Reich beschäftigt hatte: Vorwärts, 1.2.1931

(Quelle: Archiv der sozialen Demokratie/Bonn)

Das ist unser Gruß, hochgereckt die Faust gegen Terror und Reaktion!

 Das ist unser Symbol, die 3 Freiheitspfeile!

Jede Genossin trägt unser Abzeichen!

Jede Genossin grüßt mit unserem Freiheitsgruß!

Werbeanzeige in der Arbeiterpresse: Vorwärts, 10.7.1932
(Quelle: Archiv der sozialen Demokratie/Bonn)

in der Wirtschaft"[145.]: Gerade die "Nur-Hausfrauen" seien von der Wirtschaftskrise besonders betroffen, da sie alleine mit dem Einkommen der Ehemänner wirtschaften müßten. Deshalb sei gerade in Zeiten wie der momentanen Wirtschaftskrise die Möglichkeit einer intensiveren Politisierung gegeben. Frauen müßten weiter in die wirtschaftlichen und politischen Verhältnisse eindringen, getreu dem Grundsatz von Karl Marx: "Die Macht der Arbeiterklasse liegt in ihrer Zahl." Schulungen könnten das Bewußtsein der Frauen fundierter prägen: Frauen müßten lernen, nicht nur zu denken, sondern auch richtig zu denken.

"Bedenkt Frauen," schloß Arning, "nicht der Sozialismus hat die Familie zerstört, sondern der Kapitalismus."

Dies sei all den Männern nicht klar, die sich vehement der Emanzipation der Frau widersetzten.

In der Einleitung der Schilderung des 10. Frauentages des Unterbezirks in Göttingen 1932 wurde ausführlichst die von den Nationalsozialisten geprägte politische Stimmung in Göttingen beschrieben: Es herrschte "Mordstimmung" und ein "Angstklima". Richard Borowski als Unterbezirks-Sekretär bat in seiner Begrüßungsansprache:

"Laßt uns Männer nicht allein, denn es geht um die Freiheit des Proletariats."

Die Teilnahme von über 600 Frauen - der Saal im Volksheim war viel zu klein - gab allerdings Auftrieb[146.].

Zum Jubiläumsfrauentag war die Leiterin des Frauenbüros in Berlin, Marie Juchacz, nach Göttingen gekommen, um über "Die Gefahren der politischen Krise für die Frauen" zu sprechen[147.]. Sie widersetzte sich den "Lügen der Nationalsozialisten", wonach der Marxismus die Schuld an der allgemeinen Krise habe. Die SPD müsse aktiver für Demokratie und soziale Gestaltung der deutschen Republik eintreten. Wenn der Wohlfahrtsstaat endgültig beseitigt werde, seien Mutterschutz, Fürsorge für Säuglinge etc. in Gefahr, es drohten Steuererhöhungen, Lohnabbau, Rentenabbau und Abbau aller übrigen Unterstützungen. Sie berichtete einiges über die Entstehung der Männerpartei NSDAP. Der Vortrag endete mit der Frage: "Wollen Sie, daß Hitler die Macht übernehmen soll?" Ein "Brausen" antwortete aus dem Saal: "N E I N !"

Ausdruck für die Grundstimmung in der anschließenden Aussprache[148.] über die als gefährlich anzusehende allgemeine wirtschaftliche, gesellschaftliche und politische Situation, mit der die Gefahr eines neuen Krieges am Horizont sichtbar wurde, war:

"Wir werden unsere Söhne für diese Gesellschaft nicht opfern."

Wie gefährlich die Situation in Göttingen selbst schon war, bekamen die Frauen bei ihrer anschließenden - schon traditionellen - Demonstration durch die Stadt zu spüren. Hitlerjungen, die die Frauen anpöbelten, waren an vielen Ecken des Weges postiert. Auf dem Rathausplatz verhinderte ein Aufgebot von SA-Mitgliedern die geplante Kundgebung, sodaß die Frauen wieder zum Volksheim zurückzogen, wo Rosa Helfers

im dortigen Garten mit zeitlicher Verzögerung die Schlußansprache hielt[149].
Auch in den Referaten der Frauentage spiegelte sich die widersprüchliche Haltung der
Sozialdemokratinnen bezüglich der Frauenemanzipation wieder: Einerseits forderten sie
die völlige Gleichstellung der Frau in Wirtschaft und Gesellschaft und versuchten
dieser in reformerischen Gesetzesvorlagen und Vorschlägen Ausdruck zu verleihen,
andererseits waren sie dem traditionellen Frauenbild und den damit verbundenen Aufgaben verhaftet. Vom Sozialismus versprachen sich die Frauen eine endgültige Klärung.

Das Frauenbild in den Geschäftsberichten des Unterbezirks Göttingen 1925 - 1931

Als Grundhaltung für politische Frauenarbeit in der Arbeiterbewegung kam in den Geschäftsberichten des Unterbezirks Göttingen die Notwendigkeit von Wohltätigkeits-
arbeit für die Frauen zum Ausdruck.

"Die Arbeit der Frauen in den Kommissionen, als ehrenamtliche Pflegerinnen usw.
(darf) nicht unterschätzt werden." (1929, S. 17; 1930, S. 17)

Die Arbeit in der Wohlfahrtspflege ist "ureigenstes Gebiet der Frau". (1929, S. 4)

"Die Verbindung mit der Arbeiterwohlfahrt brachte den Frauen eine Fülle von
Arbeit, die gern geleistet wurde." (1927, S. 4; vgl. auch 25/6)

Darüberhinaus werde auch politisch gearbeitet; so wurde betont, daß "die Frauen
politisch organisiert Schulter an Schulter mit den Männern um die Verwirklichung
des Sozialismus kämpfen." (Bericht vom Frauentag 1929, S. 3)

Diese Verbindung schien gerade deswegen notwendig, da vielfach festgestellt
wurde: "Die besten Ortsvereine des Unterbezirks sind die, in denen die Frauen als
organisierte Parteigenossinnen das Parteileben am Orte mitgestalten helfen ... Die
aktive Teilnahme der Frau am Parteileben ist erfreulich, die Mitgliederversammlungen sind dort am besten besucht, wo auch die Frau als Mitglied erscheint. Erst
wenn in allen Ortsvereinen diese Erkenntnis Platz gegriffen hat, bleiben wir vor
Mitgliederschwund verwahrt." (1929, S. 4; desgl. 1930, S. 1)

Kein Wort findet sich in den Berichten und Einschätzungen über den emanzipatorischen
Charakter politischer Frauenarbeit, die Probleme um die gesellschaftliche Anerkennung
der Frauen. Die Frauen schienen nur insofern relevant, als sie ihre Männer nicht mehr
vom Besuch der Parteiversammlungen und -veranstaltungen abhielten, wenn sie selbst
als Mitglieder organisiert waren.

Es schien also primär nicht um die Frauen, sondern um die Aktivierung der Männer in
der Arbeiterbewegung zu gehen, denn ein Aufschwung bedeutete augenscheinlich auch

einen Aufschwung der Parteibewegung allgemein, was sich auch in den Mitglieder-
zahlen niederschlug.

Zur Situation der Frauenbewegung im Bezirk Hannover

Der Organisierungsgrad der Frauen im Bezirk Hannover[150.] lag 1926 um 2% höher als
der Reichsdurchschnitt[151.], im Vergleich zum Unterbezirk Göttingen sogar um 5%. Die
Ortsvereine Münden und Einbeck lagen diesbezüglich jedoch höher als der Bezirk
(Münden um 2% und Einbeck um 15%)[152.]. Angesichts der Tatsache, daß es sich
um einen ländlichen Bezirk handelte, wo Frauen aus ihren religiösen und familialen
Bindungen viel schwerer herauszulösen und politisch zu interessieren waren, fielen die
Berichte der "Genossin" relativ zufriedenstellend aus, was Veranstaltungen und Agita-
tion betraf[153.].

1930 wurde die wertvolle Arbeit des Unterbezirks Göttingen herausgehoben, welche
sich besonders in der regelmäßigen, vorbildlichen Veranstaltung von Frauentagen mani-
festiere.

Der Bezirkssekretär in Hannover besorgte die Koordinierung der Aktivitäten, das Zu-
sammenfassen von Arbeitsberichten für das Frauenbüro in Berlin, die Verteilung von
Material für die Agitation und von Zeitungen, sowie die Vorbereitung von Bezirks-
frauenkonferenzen[154.].

Vertreterinnen des Unterbezirks waren die Genossinnen Grude bzw. Jünemann aus
Einbeck und Werzeiko aus Münden, die gleichzeitig im Bezirksvorstand der Arbeiterwohlfahrt saßen. Auf Bezirksfrauentreffen wurden meist ein Resumee vom Bezirkssekretär vorgetragen, grundsätzliche Referate gehalten, Diskussionen über die Probleme der Frauenagitation und -arbeit bildeten den Abschluß[155.].

Die SPD-Frauenbewegung im Bezirk Hannover[156.]

	31.3.25	30.12.26	Ende '27	30.12.28	1929	1930	31.6.31
Zahl der organi-sierten Frauen	7.577	7.511	7.922	8.672	8.656	9.779	10.138
Zu-/Abnahme		-66		+750			
% der Gesamtheit der Mitglieder		22,42		20,81			
Parteiortsgruppen		365		400	431		
davon in wieviel Frauen organisiert		176		206	210		
Frauengruppen		45		47			

Frauen im Vorstand des Ortsvereins	35	44				
Öffentliche Frauenversammlungen	40	-				
regelmäßig Frauenabende in ? Orten	18	29				
Frauenweltabende/ Frauenfeierstunden	28	-				
Bezirksfrauenkonferenzen	1	1	1	1	1	1
Unterbezirksfrauenkonferenzen	1 4	2	6	5	3	2
Kurse, Bezirk	-	-				
Kurse, Unterbezirk/ Ortsvereine	4	8/2				
Frauen im Kreis-/ Provinziallandtag	-	-	-	1	1	1

2.6. Die Arbeit der Frauengruppen und der Ortsausschüsse für Arbeiterwohlfahrt

Die Koordinierung der beiden Arbeitsbereiche

Die Arbeit der Frauengruppen und der Arbeiterwohlfahrt wurde bisher nur unter organisatorischem Gesichtspunkt betrachtet. Es sind allerdings die inhaltlichen Diskussionen, die verschiedenen Arten von Veranstaltungen und die Hilfen der Arbeiterwohlfahrt, mit denen die Frauen im Zusammenwirken mit den übrigen Arbeitervereinen das politische und gesellschaftliche Leben in Münden und Eibeck prägen. Von besonderer Bedeutung waren in diesem Zusammenhang auch die persönlichen Kontakte und Unternehmungen, auf die erst in einem späteren Teil eingegangen wird[157].

Diskussionen und Aktivitäten von Frauengruppe und Arbeiterwohlfahrt waren an sich streng getrennt. In der Frauengruppe arbeiteten die Frauen politisch, die Arbeiterwohlfahrt deckte den sozialen Bereich ab; deshalb trafen sich Frauengruppe und Arbeiterwohlfahrt im wöchentlichen Wechsel[158].

Die Koordinierung der Treffen und der Arbeit gestaltete sich einfach, da die Mitglieder mit wenigen Ausnahmen dieselben waren, die Vorstände entweder identisch (Einbeck) waren oder bewußt zusammen arbeiteten (Münden)[159]. Veranstaltungen wie das jährliche Wohltätigkeitsfest vor Weihnachten waren gemeinsame Aktionen der beiden Gruppen zusammen mit weiteren Arbeitervereinen, die auf gemeinsamen Treffen vorbereitet wurden[160].

Politische, soziale und persönliche Aktivitäten

Die Arbeit der Frauengruppen

Die Arbeit der Frauengruppen sollte neben der Werbung neuer weiblicher Mitglieder für die SPD im wesentlichen dem Ziel der politischen Bildung und Fortbildung der Frauen dienen. Welche Möglichkeiten in Münden und Einbeck geboten wurden, ist im einzelnen nicht mehr nachvollziehbar. Die Informationen aus dem Göttinger Volksblatt und den Befragungen sind eher zufällig und lückenhaft; die folgende Darstellung kann deswegen keinen Anspruch auf Vollständigkeit erheben.

In den 14-tägigen Frauengruppensitzungen stellten sich die Anwesenden ein Thema, über das in der darauffolgenden Sitzung diskutiert wurde, zu dem ein Text oder ein Artikel gelesen oder aber ein(e) Referent(in) eingeladen wurde[161]. Besonderer Wert wurde auf die Beantwortung von Fragen und die zusätzlichen Erläuterungen der Referent(innen) gelegt. M. Kaldauke erzählte z.B., daß sie immer eine Kladde (ein dickes Heft) geführt hätte, in das sie regelmäßig Notizen von Referaten eingetragen habe[162]. Im "Göttinger Volksblatt" wurden in der Regel Referate angekündigt oder anschließend besprochen, deren Referenten bekanntere Persönlichkeiten waren. So berichtete z.B. Auguste Jünemann[163], daß sie selbst hier und da Vorträge in der Frauengruppe oder der Arbeiterwohlfahrt gehalten habe[164]. Schriftliche Belege hierüber gibt es kaum.

In der Zusammenstellung der Referate ist festzustellen[165], daß fast ausschließlich politische, in der Mehrheit aktuell politische Themen die Vorträge bestimmten.

Für die Weimarer Republik gliederten sich die Themen folgendermaßen:

- 14 aus dem Bereich "Frauen und Sozialismus/Arbeiterbewegung"
- 13 über "Frauen und Sozialdemokratie, Politik und Gesellschaft, Wahlen"
- 6 beschäftigten sich mit Sozialpolitik und Arbeiterwohlfahrt
- 2 besprachen "Frauen und Kriminalistik"
- 4 "Frauen und Wirtschaft"
- 4 hatten andere Themen.

Die Vorträge sollten die politische Aufklärung und Bildung der Frauen fördern. Frauen hatten wegen Hausarbeit und Kindererziehung keine Zeit zu regelmäßiger Zeitungslektüre. Sie trauten sich weniger zu Veranstaltungen zu gehen, weil sie die Geringschätzung der Männer fürchteten. Auf Frauenveranstaltungen stellten sich die Veranstalter besonders auf die Bedürfnisse der Frauen ein, um ihnen Mittel für politische Entscheidungen an die Hand zu geben. Hier stand entweder die Aufgabe der Frau in der Gesellschaft oder der politischen Organisation der SPD zur Diskussion. Besonders in Wahlkampfzeiten wurden in beiden Orten öffentliche Versammlungen angeboten, die sich speziell an Frauen richteten. Solche Veranstaltungen wurden einige Zeit vorher mehrfach im "Göttinger Volksblatt" mit Namen der Rednerin und Titel des Referates angekündigt. Gerade gegen Ende der Weimarer Republik waren Frauenversammlungen besonders gut besucht[166]. Da sich die Gleichberechtigung der Frau in der tagespolitischen Arbeit noch nicht im eigentlichen Sinn durchgesetzt hatte, viele Frauen sich nicht in der Lage sahen aktiv nach außen zu treten, gab es nur wenige, die rednerisch für große Veranstaltungen geschult waren.

So wurde die erste Referentin der SPD, die in Münden 1924 in einer Wahlveranstaltung auftrat, in der dortigen bürgerlichen Zeitung "Mündensche Nachrichten" mit einem besonders langen Artikel bedacht[167], der Frau Bremers Überblick über die Politik der bisherigen Regierungen wiedergab und die Stellung der SPD dazu erläuterte. Dies ist um so bemerkenswerter, als sonstige SPD-Veranstaltungen gar nicht oder nur ganz kurz erwähnt wurden. Männer wurden als Redner, auch auf kleinen Frauenveranstaltungen weniger eingesetzt: Von den 40 Vorträgen, die in der Liste im Anhang zusammengestellt sind, wurden nur sieben von Männern gehalten. Es waren führende Genossen des Ortsvereins oder Unterbezirks oder Fachleute auf dem zu referierenden Gebiet.

Auf sogenannten "Frauenleseabenden" wurden gemeinsam Artikel aus der "Genossin", der "Frauenwelt" oder der Frauenbeilage des "Göttinger Volksblatts" gelesen und besprochen[168].

Die Mitglieder der Frauengruppe besuchten gemeinsam allgemeine Parteiversammlungen: Das Erscheinen war zwar nicht Zwang für alle Mitglieder, aber anschließend wurde im Frauenkreis über Ablauf und Inhalte diskutiert[169]. Die Bildung eines Frauenblocks auf Demonstrationen z.B. zum 1. Mai war eine Selbstverständlichkeit. Ausdruck für das Zusammengehörigkeitsgefühl, das sich nach außen kehrte, war in Einbeck die Fahne der Frauengruppe[170].

Fortbildungs- und Rednerkurse wurden sowohl im Unterbezirk als auch im Bezirk wenig angeboten. Auguste Jünemann erinnerte sich nur an zwei Besuche solcher Veranstaltungen vor 1933[171].

Als für ländliche Gegenden besonders geeignetes Mittel, um Frauen politisch anzusprechen, wurde die Hausagitation angesehen[172]. Genossinnen besuchten auch in Münden und Einbeck Frauen an ihrer Arbeitsstelle Haushalt, um mit ihnen über ihre momentanen Probleme zu reden, vielleicht die Hilfe der Arbeiterwohlfahrt anzubieten, politisches Material zur Information mitzubringen etc. Solche Aktionen bedeuteten einen großen Zeitaufwand für die Genossinnen und forderte viel Einfühlungsvermögen[173].

Eine besondere Aufgabe, die unter mehr organisatorischem Gesichtspunkt lief, war für eine Ortsfrauengruppe die Ausgestaltung des Unterbezirk-Frauentages. In Einbeck war dies 1925 und in Münden 1927 der Fall. Für 1933 war ein weiterer Frauentag in Einbeck geplant[174]., der nicht mehr stattfinden konnte. Es galt einen Saal für die Tagung zu organisieren, Mittagessen, Kaffeetrinken und einem Vorschlag für einen gemeinsamen Spaziergang vorzubereiten. Der Saal wurde mit Fahnen, Spruchbändern und Blumen geschmückt[175].

Am 21. Juni 1925 trafen sich die Frauen in Einbeck im "Rheinischen Hof"[176].. Die Einbecker Frauengruppe holte gegen 9 Uhr die Genossinnen mit der Trommler- und Pfeifenabteilung des Reichsbanners am Bahnhof ab und geleitete sie zum Lokal, wo sie durch Chorgesänge des Arbeitergesangvereins begrüßt wurden. Luise Grude aus Einbeck, der schon die Leitung der Vorbereitungen oblag, wurde zur Vorsitzenden der Tagung gewählt. Der Saal des "Rheinischen Hofes" war vollkommen überfüllt, so daß die Frauen zum Mittagessen in den Garten des "Rheinischen Hofes" ausweichen mußten. Die Veranstaltung endete mit dem Lied "Schwestern zur Sonne zur Freiheit"[177].. Das anschließende gesellige Beisammensein diente dem persönlichen Kennenlernen und dem Erfahrungsaustausch[178].

Am 10. Juni 1927 trafen sich die Frauen aus dem Unterbezirk in Hann. Münden im Gasthaus "Zur Krone"[179].. Der Chor des Arbeitergesangvereins begrüßte die Anwesenden, bevor Paul Lehmann, Sekretär des Unterbezirks Göttingen, die Tagung eröffnete. Die Leitung des Frauentages wurde der Vorsitzenden der Frauengruppe Münden, Sophie Werzeiko, übertragen.

Die Genossin Kaldauke berichtete kurz über die Arbeit der Frauengruppe innerhalb der Mündener Arbeiterbewegung: Die drei Grundpfeiler seien Partei, Genossenschaft und Gewerkschaft. Besonders wichtig sei am Orte aber die Zusammenarbeit der Frauengruppe mit der Arbeiterjugend: Sie sorge z.B. mit für die künstlerische Ausgestaltung von Veranstaltungen, helfe bei den Jugendwanderungen der Arbeiterwohlfahrt. Außerdem kämen alle Mitglieder der Frauengruppe mehr oder weniger aus der Arbeiterjugendbewegung[180].. Nach Referat, Aussprache und organisatorischen Regelungen fand das gemeinsame Mittagessen statt. Der geplante Ausflug mußte wegen des schlechten Wetters ausfallen, dafür saßen die Genossinnen noch einige Zeit im Gasthof zusammen.

Die Aktivitäten der Arbeiterwohlfahrt

Die Arbeit der Arbeiterwohlfahrt umfaßte alle Bereiche des täglichen Zusammenlebens. Organisisiert wurde die Arbeit auf den 14-tägigen Sitzungen, die u.a. auch der Schulung dienten.

Quartalsberichte in Münden und Jahresberichte in Einbeck, die gelegentlich im

"Göttinger Volksblatt" abgedruckt wurden, und die Berichte der Frauentage 1929 und 1930 legten Rechenschaft über Einnahmen und Ausgaben, sowie die verschiedenen Unterstützungen ab. Das Bild der Aktionen der Arbeiterwohlfahrt wird vervollständigt durch kleine Hinweise aus den Geschäftsberichten 1925 - 1931.

Neben den Geldern von Partei, Gewerkschaften, Arbeitervereinen, Konsumverein, Bezirk, Stadt und Kreis und den Spenden der der SPD nahestehenden Geschäftsleute[181], brachten verschiedene Feste, die zugunsten der Arbeiterwohlfahrt veranstaltet wurden, noch weitere Einnahmen: Veranstalter waren entweder verschiedene Arbeitervereine, die SPD oder die Arbeiterwohlfahrt selbst. Mit Unterstützung der Arbeitervereine gestaltete die Arbeiterwohlfahrt einen solchen Abend mit Musik, Theater, Turnvorführungen, Reden und Vorlesen[182]. Mit Anzeigen und Hinweisen in Artikeln wurden die Arbeiter mit ihren Familien eingeladen. Im November/Dezember fand in beiden Orten jährlich das große Arbeiterwohlfahrtsfest statt: Um diese Jahreszeit benötigte die Arbeiterwohlfahrt Geld für ihre Weihnachtsaktionen[183], für die Besucher bedeutete es einen kurzweiligen Winterabend[184].

Die Arbeiterwohlfahrt betreute Wöchnerinnen, organisierte Kinderausflüge im Sommer, die Ausstattung von Konfirmanden und Schulentlassenen, Nähkurse für Arbeiterfrauen. Diese Vielfalt erforderte unterschiedliches Einfühlungsvermögen und die Bereitschaft zu großem zeitlichen Einsatz.

Mittellose Wöchnerinnen bekamen für die erste Zeit einen Korb Babywäsche zur Verfügung gestellt. Eine Helferin der Arbeiterwohlfahrt versorgte bei Bedarf ein bis zwei Wochen lang Mutter, Kind und deren Haushalt[185].

In den Sommerferien wurden Tagesausflüge oder längere Aufenthalte in Jugendherbergen oder anderen Heimen mit Arbeiterkindern veranstaltet. Beliebte Ziele waren für die Mündener Kinder: Bonafort, Volkmarshausen als Tagesziele, das "Naturfreundehaus" am Steinberg und der Ludwigstein für längere Aufenthalte.

Die Kinder erhielten kostenlose Mittagessen, mußten aber Becher, Löffel und Teller mitbringen[186]. Das Essen wurde mit einem Auto vom Konsumverein an einen verabredeten Ort gebracht[187]. Für einen längeren Aufenthalt wie im Juli 1927 im Naturfreundehaus, mußten alle notwendigen Utensilien und Kleidung selbst mitgebracht werden[188].

Die Betreuung übernahmen die Helferinnen der Arbeiterwohlfahrt. M. Kaldauke und S. Werzeiko nahmen bei solchen Gelegenheiten ihre Söhne mit, die sie nicht allein zu Hause lassen konnten[189]. Es wurden Spiele organisiert und Tänze einstudiert. Der letzte Ausflug wurde meist mit einer Abschlußfeier gekrönt[190]. Jeweils zwischen 150 und 400 Kinder nahmen an einem Ausflug teil.

Von Einbeck aus fanden Kinderausflüge Ende der 20er Jahre zusammen mit den Kindern aus Salzderhelden und Vogelbeck, zu den Teichen, zum Rosenplänter, nach

Northeim, zur Sultemer Waldschenke, in den Solling statt; längere Aufenthalte wurden im Harz und an der Weser (Hann. Münden) veranstaltet. Hier waren meist Proviant und 10 Pf. mitzubringen. Die Helferinnen wurden, wie auch in Münden, durch freiwillige Genossen unterstützt, die die Aufsicht und Beschäftigung der Jungen übernahmen. Auch hier endete der letzte Ausflug mit einem kleinen Fest. Die Frauen und Kinder wanderten zu den Teichen. Am Nachmittag gab es Kakao und Kuchen, die Kinder tollten im Wald herum und bekamen kleine Geschenke. Nach dem Abendbrot erhielt jedes Kind gegen 9 Uhr einen Lampion. Der Reichsbannertambourkorps holte den Zug ab: Aus dem Wald, durch den Teichenweg, Neumarkt, Rosenthal, Altendorfstraße ging es zum Marktplatz, wo ein Genosse der SPD die Kinder begrüßte, meist noch Schokolade verteilte, und alle nach einem Hoch auf die Republik auseinandergingen[191].

Arme Konfirmandenkinder und Schulentlassene wurden einmalig mit Kleidung und Wäsche unterstützt[192].

Die Nähkurse der Arbeiterwohlfahrt[193]. dienten der Anleitung der Arbeiterfrauen zur Herstellung billiger Kleidung, aber auch Wäsche und Kleider für die Wöchnerinnen und die Weihnachtspakete wurden hergestellt. Im Dezember jeden Jahres fand eine Ausstellung der angefertigten Stücke statt[194].

In Münden wurden die Nähkurse im Februar 1925 eingerichtet und regelmäßig Montagabend in der Mädchenvolksschule abgehalten. Die Arbeiterwohlfahrt hatte bis 1933 vier Nähmaschinen angeschafft[195].

In Einbeck leitete Anni Evers die Nähkurse der Arbeiterwohlfahrt, wofür zwei Maschinen zur Verfügung standen[196]. Zur Weihnachtszeit wurden in beiden Orten zwischen 150 und 300 Familien - je nach allgemeiner Wirtschaftslage und entsprechend den Finanzen der Arbeiterwohlfahrt - mit Paketen beschenkt[197]. Die Helferinnen sammelten bei den Geschäftsleuten am Ort unmoderne Wäsche und Kleidung, Lebensmittel etc., der Konsumverein stiftete, die Frauen selbst backten Plätzchen und Kuchen. Jedes Paket hatte den gleichen Inhalt. Die Kinder der Helferinnen verteilten abends per Handwagen die Pakete[198].

Besonderen Stellenwert hatte die Betreuung der Alten[199]. Sie wurden zu Kaffee und Kuchen eingeladen und mit kleinen Geschenken bedacht. Arbeitertheaterverein[200]. und Gesangverein oder Reichsbannerkapelle boten Unterhaltung. Dankansprachen und Ermunterungen der Vorsitzenden Werzeiko/Münden und Jünemann/Einbeck rundeten die Veranstaltung ab[201].

Neben diesen Aktionen, die direkt in Notfällen abhelfen bzw. das Leben der Arbeiterfamilien erleichtern sollten, bot die Arbeiterwohlfahrt auch Filme und Diareihen an, die sich entweder mit der Arbeit der Arbeiterwohlfahrt auseinandersetzten oder mit Sexualaufklärung, Anleitung zur Säuglingspflege etc.[202].

Kleinere Schulungen für die Mitarbeiterinnen wurden seltener veranstaltet. Sie boten u.a. einen Erfahrungsaustausch, für den in den regelmäßigen Treffs nur selten Zeit war[203].

Der persönliche Zusammenhalt der Gruppen - Persönliche Erlebnisse

All diese Veranstaltungen, Aktionen, Diskussionen, Demonstrationen, Treffen und Wohlfahrtstätigkeiten entstanden nicht zweckfrei. Die Frauen, die überwiegend aus Arbeiterfamilien um die SPD stammten, hatten den Anspruch zu helfen, einen politischen Bewußtwerdungsprozeß zu unterstützen, gesellschaftlich verändernd zu wirken. Es handelte sich im wesentlichen um längerfristige Arbeit, deren Erfolge sich nicht so schnell zeigten - einmal abgesehen von Wahlerfolgen und der Dankbarkeit vieler von der Arbeiterwohlfahrt unterstützter Arbeiter, was sicher nicht unbedeutend war. Das große Ziel, die sozialistische Gesellschaft, lag weit entfernt[204].

Nach eigenen Erfahrungen der Verfasserin kommt es bei solcher Arbeit stark auf den Gruppenzusammenhalt und die persönlichen Beziehungen an, die wiederum an die Arbeit binden. Dies hatte, nach Erzählungen der Interviewten zu urteilen, auch damals große Bedeutung.

Die Frauengruppe und die Arbeiterwohlfahrt-Gruppe waren ein Teil der "großen sozialdemokratischen Familie", in der alle zusammenhielten[205]. Meist war die Zeit für persönliche Gespräche an den Gruppenterminen sehr begrenzt, dafür bot aber gemeinsames Kaffeetrinken z.B. an Geburtstagen der einzelnen Frauen eine gute Gelegenheit[206].

Weitere Möglichkeiten ergaben sich bei den Ausflügen der Frauengruppen. Die Frauen erholten sich bei solchen Wanderungen an der frischen Luft, kamen aus der häuslichen Umgebung heraus, die Kommunikation wurde gefördert.

In Münden wurden jährlich zwei große Wanderungen der Frauengruppe veranstaltet: Eine am 3. Pfingsttag und eine andere Ende August/Anfang September. Nach der Planung in der Frauengruppe wurden im Göttinger Volksblatt dazu alle Arbeiterfrauen eingeladen, aber meist blieben die Mitglieder unter sich. Ziel war ein Ausflugslokal der näheren Umgebung (Lutterberger Höhe, Hohen Hagen, Hilwartshausen, Gasthaus "Waldfrieden"), wo gevespert wurde, um für den Rückmarsch gestärkt zu sein. Bei schlechtem Wetter und für ältere oder gehbehinderte Genossinnen wurden Autofahrten zu den Zielorten organisiert[207]. Die Fußgänger trafen sich an einem verabredeten Ort in der Stadt, um von dort gemeinsam zu marschieren[208].

Im Winter trafen sich die Mündener Frauen meist in der Vorweihnachtszeit zu einem gemütlichen Frauenabend bei Bratäpfeln und Rotwein etc.[209].

Die Einbecker Frauen unternahmen im Sommer abends des öfteren Waldspaziergänge statt Frauengruppensitzungen[210]. Die Alternative bei schlechtem Wetter stellte ein spontan bereitetes Fest am gleichen Abend im "Rheinischen Hof" dar, das den gestalterischen Ideen der einzelnen Frauen freien Raum ließ[211].

Hier und da fuhren die Frauen gemeinsam zum Einkaufsbummel nach Göttingen[212].

Eines der entscheidensten Erlebnisse für M. Kaldauke, das sie zur Weiterarbeit in der Frauengruppe stark motivierte, war ein Gespräch mit M. Juchacz, das sie auf dem Frauentag 1926 in Northeim mit ihr geführt hatte. Frau Kaldauke konnte noch in Einzelheiten davon erzählen[213].

Auguste Jünemann berichtete über ihre Tätigkeit als Mitglied des Büros mehrerer Frauentage: Sie sei sich immer der solidarischen Unterstützung der anwesenden Arbeiterfrauen sicher gewesen, die ihre Unsicherheiten nicht genutzt hätten. Dort habe sie sehr viel für ihre öffentliches Auftreten als Bürgermeisterin nach dem 2. Weltkrieg gelernt[214].

Wichtige Denkanstöße für die Arbeit kamen gerade durch persönliche Gespräche mit Genossinnen von außerhalb, die oft andere Probleme hatten und politische Arbeit routinierter betrieben. Es handelte sich meist um Referentinnen, die zu Besuch kamen[215].

2.7. Die weibliche Mitgliederbewegung[216].

Im Unterbezirk Göttingen zeigt die Tabelle eine kontinuierliche zahlenmäßige Erweiterung der Frauenmitgliederbewegung (Tab. 1 und 3).

Schaubild 1: Weibliche Mitglieder der SPD im Unterbezirk Göttingen

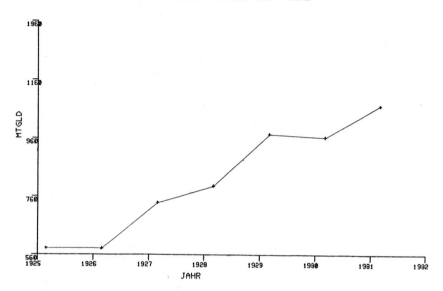

MTGLD SPD W 1925-1932 UB GOE

Im Gegensatz dazu lassen sich 1928 und 1930 prozentual gesehen Einbrüche feststellen (siehe Tab. 2). Dies ist dadurch zu erklären, daß zeitweise verhältnismäßig mehr männliche Neumitglieder aufgenommen wurde als Frauen (vgl. Tab. 3).

Schaubild 2: Der Frauenanteil in der Gesamtmitgliederschaft der SPD im Unterbezirk Göttingen

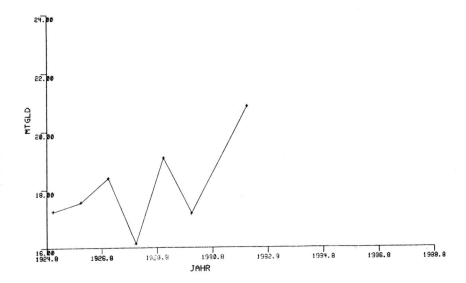

MTGLD SPD W 1925-1932 UB GOE %

Der Organisierungsgrad des Unterbezirks bezüglich der Frauen lag Mitte der 20er Jahre knapp unter dem Reichsdurchschnitt (ca. 1% weniger), was sich auch gegen Ende der Weimarer Republik nur geringfügig änderte (vgl. Tab. 3).

Schaubild 3: Der Frauenanteil in der Gesamtmitgliedschaft der SPD im Deutschen Reich

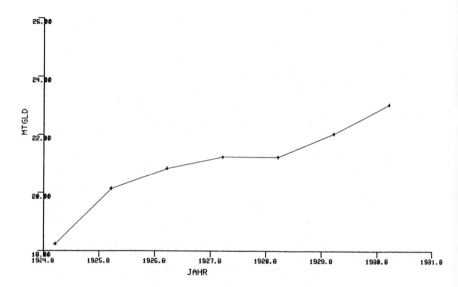

MTGLD SPD W 1925-1932 DT. REICH %

Frauen-Beilage zum Volksblatt

Nr. 1   Januar   1924

Geh fleißig um mit deinen Kindern!

Titelblatt einer Frauenbeilage des "Göttinger Volksblattes", Nr. 1, Januar 1924

(Quelle: Stadtarchiv Göttingen, Photo: Christl Wickert)

Ansteckradel zum Frauentag des SPD-Unterbezirks Göttingen in Duderstadt 1930
(Quelle: Privatbesitz Karl Schlüter/Duderstadt, Photo: Hans Starosta)

Der Ortsverein Münden hatte einen ähnlich hohen Frauenanteil wie der Unterbezirk Göttingen, er war gegen Ende der 20er Jahre sogar um einige Prozente höher (Unterbezirk Göttingen = 1925: 17,21%; 1926: 17,52%; 1930: 17,13%; 1932: 20,8%. Ortsverein Münden = 1925: 15,74%; 1926: 24,24%; 1930: 19,35%; 1932: 19,3% - vgl. Tab. 2)

Schaubild 4: Der Frauenanteil in der Gesamtmitgliedschaft der SPD im Ortsverein und Kreisverein Münden im Vergleich

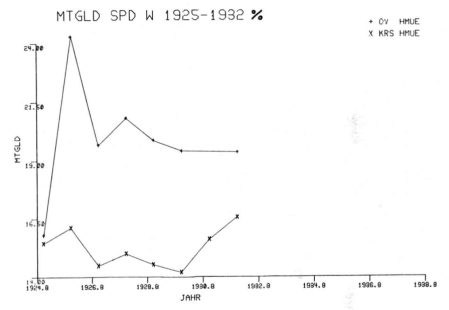

Im Ortsverein Münden gab es einen Einbruch in der Frauenmitgliederschaft, der 1927 seinen Höhepunkt erreichte: ein Verlust von 25 weiblichen Mitgliedern bei bis dahin 136. Dies stand ganz im Gegensatz zur Zahl der Männer in der SPD, die kontinuierlich anstieg (vgl. Tab.3).

Bis zum Ende der Weimarer Republik wurden nach und nach wieder Frauen aufgenommen, die Zahl von 1925 wurde aber nicht erreicht (1925: 142 Frauen; 1932: 126 Frauen - siehe Tab. 3)[217].

Schaubild 5: Weibliche Mitglieder der SPD im Ortsverein und Kreisverein Münden im Vergleich

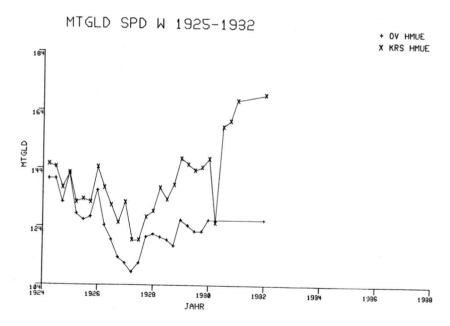

Im Vergleich zum Ortsverein fällt prozentual die Zahl der Frauenmitglieder im Kreisverein stark ab (zwischen mehr als 8% 1926 und knapp 3% 1932 - vgl. Tab. 2), was sich daraus erklärt, daß in den kleineren Ortsvereinen in der Umgebung kaum zusätzliche Frauen organisiert waren (1925: keine Frau zusätzlich, 1932: 43 Frauen in den kleinen Ortsvereinen um Münden - vgl. Tab. 3).

Es fällt auf, daß sich Mündens Frauenmitgliedschaft in der SPD in der Weimarer Republik nicht erweitert hat[218].

Man könnte den Umsatz der Beitragsmarken für die SPD (vgl. Tab. 4) als einen Anhaltspunkt für die bewußtseinsmäßige Verankerung der Frauenbewegung und des Sozialismus bei den Frauen nehmen: Überzeugte Sozialdemokratinnen waren eher als Männer bereit bzw. dachten mehr daran, durch ihren finanziellen Beitrag die Arbeit der Partei zu unterstützen. Vergleicht man nun den prozentualen Beitragsmarkenumsatz in Ortsverein und Kreisverein Münden bei Frauen und Männern, so ist durchweg ein - wenn auch nur geringfügig - höherer Anteil Marken pro Person an Frauen verkauft worden (z.B. IV Quartal 1931 im Kreisverein: 9,7 Marken pro weibl. Mitglied und 6,6 Marken pro männl. Mitglied - vgl. Tab. 4).

Der Anteil weiblicher SPD-Mitglieder im Ortsverein Einbeck lag weit über dem Durchschnitt des Deutschen Reiches (vgl. Tab. 2) und stieg auch - mit Ausnahme von geringfügigen Schwankungen 1927 und 1929, die sich wiederum durch einen stärkeren Zustrom neuer männlicher Mitglieder erklären - in der Weimarer Republik stetig an (von 34,12% 1925 bis 40% in den 3oer Jahren - vgl. Tab. 2).

Schaubild 6: Der Frauenanteil in der Gesamtmitgliedschaft der SPD im Ortsverein und Kreisverein Einbeck im Vergleich

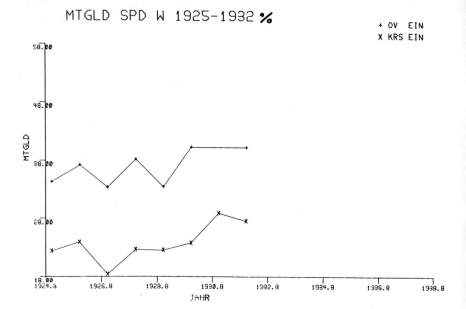

Absolut gesehen hat sich die Zahl der Sozialdemokratinnen in Einbeck von 1925 bis 1932 verdreifacht (von 67 auf 194 - vgl. Tab. 1 und 3).

Schaubild 7: Weibliche Mitglieder der SPD im Ortsverein und Kreisverein Einbeck im Vergleich

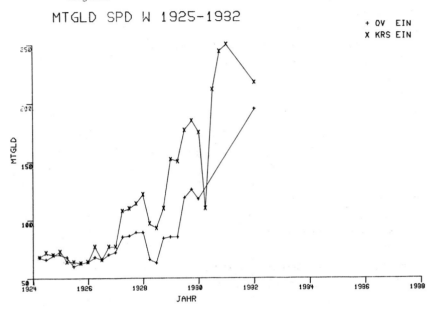

Dadurch gab es 1932 in Einbeck mehr in der SPD organisierte Frauen als in Münden, obwohl dort der Organisierungsgrad insgesamt (Männer und Frauen) wesentlich höher war. (1932 in Münden 126 und in Einbeck 194 Frauen - vgl. Tab 3)

Während Mitte der 20er Jahre im Ortsverein und Kreisverein Einbeck die Entwicklung ähnlich wie in Münden verlief, nahm die Frauenbewegung in umliegenden Ortsvereinen einen Aufschwung, der dem Kreisverein Einbeck zusätzlich ca. 60 weibliche Mitglieder zuführte. (1925: Ortsverein 69 und Kreisverein 72; 1930: Ortsverein 117 und Kreisverein 174 - vgl. Tabelle 3). Damit in Zusammenhang stand nicht zuletzt die Gründung der Frauengruppe in Salzderhelden 1928/1929 und des Ortsausschusses für Arbeiterwohlfahrt Stuckheim Ende 1929[219].

Der Organisierungsgrad von Frauen im Kreisverein lag zeitweise geringfügig über dem Reichsdurchschnitt (z.B. 1928 gab es im Kreisverein 22,4% Frauen und in der gesamten SPD 21,2% - Tab. 2), ansonsten weit darüber, wenn auch nicht so hoch wie der Ortsverein Einbeck (z.B. 1925 betrug der Frauenanteil im Ortsverein 34,12%, in Kreisverein 22,18% und im Deutschen Reich 18,2% - Tab. 2). Man ist fast versucht zu sagen, in der Einbecker SPD hätte sich die Gleichberechtigung der Frauen am weitestgehensten durchgesetzt[220].

Es gilt allerdings zu bedenken, daß hier die Genossen ihre Frauen in die Partei einschrieben, ohne Rücksicht auf deren Möglichkeiten und Interessen an aktiver Parteiarbeit[221].

In der Betrachtung des Beitragsmarkenumsatz im Vergleich Frauen : Männer ergibt sich ein etwas anderes Bild: Im Kreisverein kauften die Männer pro Kopf zunächst mehr Marken (II.Quartal 1925: 7,3 bei den Frauen und 9 bei den Männern); eine Veränderung stellte sich 1929 ein, von wo an bei den Frauen bis zu 4 Marken pro Kopf mehr umgesetzt wurden. Im Ortsverein hielten Frauen und Männer etwa das Gleichgewicht (I.Quartal 1925: 10,6 Marken pro Frau und 10,7 Marken pro Mann). Dieses Verhältnis geriet Ende der 20er Jahre ins Schwanken und schlug 1930 minimal zu Gunsten der Frau um (1930: 11 Marken pro Frau und 10,6 Marken pro Mann wurden verkauft - vgl. Tab. 4).

Gemessen am Organisierungsgrad hatte die Frauenbewegung in Einbeck eine überdurchschnittlich hohe Bedeutung, die im Unterbezirk zeitweise nur von Uslar übertroffen wurde, während Münden das Schlußlicht unter den größeren Ortsvereinen bildete[222]. In diesem Zusammenhang muß berücksichtigt werden, daß die Frauengruppe in Münden trotz geringer weiblicher Mitgliederzahl sehr aktiv arbeitete, d.h. die Frauenbewegung war wohl stark an Einzelpersönlichkeiten gebunden. Wenn man die Zahlen der weiblichen Mitglieder der SPD im Unterbezirk Göttingen noch einmal aufgliedert nach den einzelnen Ortsvereinen betrachtet[223], ergibt sich: Der noch recht hohe Organisierungsgrad der Frauengruppe im Unterbezirk Göttingen im Ver-

gleich zum Reichsdurchschnitt resultierte aus ihrer Verankerung in den Städten, während Frauenarbeit in den ländlichen Ortsvereinen wenig verbreitet war.
Dies bestätigt auch die Zahl der Ortsvereine im Unterbezirk, in denen Frauen organisiert waren:

1925	7	Ortsvereine
1926	?	Ortsvereine
1927	14	Ortsvereine
1928	27 (39)	Ortsvereine
1929	40 (30)	Ortsvereine
1930	44	Ortsvereine

1928 gab es in 70 Ortsvereinen des Unterbezirks keine einzige Frau als Mitglied, 1930 in 90 Ortsvereinen[224].

2.8. Frauen und Ämter

Frauen in den Bürgervorsteherkollegien

Im Unterbezirk Göttingen fällt - verglichen mit dem Deutschen Reich[225] - eine relativ starke Vertretung der Frauen innerhalb der SPD in den städtischen Kollegien auf. Sowohl in Münden als auch in Einbeck gab es Sozialdemokratinnen als Mitglieder des Bürgervorsteherkollegiums.
Im Unterbezirk Göttingen wurden 1919 vier Sozialdemokratinnen direkt ins Bürgervorsteherkollegium gewählt: die Genossin Spring in Göttingen, die Genossin Kellner - später verheiratete Werzeiko - in Münden, die Genossin Günther in Northeim und die Genossin Leifhold in Einbeck[226]. 1924 wurden sie wieder aufgestellt und gewählt[227].
Am 27.11.1924 rückte ins Mündener Bürgervorsteherkollegium Anna Göthe, geb. Möller, für den wegen Krankheit ausscheidenden Genossen Adler nach[228]. In Einbeck löste 1929 Auguste Jünemann Regine Leifhold als Bürgervorsteherkandidatin der SPD ab und wurde gewählt[229]. Regine Leifhold vertrat nun die SPD im Kreistag[230].
Es war in der Weimarer Republik ja noch wenig üblich, daß Frauen in städtischen Kollegien mitarbeiteten. Dies kann als Indiz dafür gelten, daß Frauengruppen im Unterbezirk Göttingen von der Partei stärker unterstützt wurden, als es in anderen Gegenden üblich war. Es war hier - nach Einschätzung von Frau Jünemann - selbstverständlich, daß e i n e Frau aus der SPD im Bürgervorsteherkollegium vertreten war[231]. Die Gruppen gehörten in Münden und Einbeck zu den bestorganisierten und

agitatorisch wirksamsten innerhalb der örtlichen SPD[232]. Spezialgebiet der Frauen in den städtischen Kollegien - oft ja das einzige Gebiet, für das sie als kompetent angesehen wurden - war der sozialpolitische Bereich und die Wohlfahrt[233]. Die Gewichtung der Arbeit sozialdemokratischer Gemeindevertreterinnen in Münden und Einbeck entsprach der allgemeinen Linie der SPD-Frauenpolitik, nämlich der Reduzierung auf Aufgaben, die dem traditionellen Frauenbild nahestanden[234].

Im Ortsverein-Vorstand war weder in Münden noch in Einbeck eine Frau vertreten. Auch alle anderen Parteiämter im Unterbezirk waren von Männern besetzt[135].

Persönliche Eindrücke der Kommunalpolitikerinnen - Widerstände gegen politische Frauenarbeit

Auguste Jünemann, die einzige ehemalige SPD-Bürgervorsteherin, die die Verfasserin noch befragen konnte, erinnerte sich nicht an besondere Schwierigkeiten für Frauen, um auf Wahllisten plaziert zu werden[236]. Sie scheint jedoch ein Sonderfall zu sein, da sie die einzige Bürgervorsteherin war, obwohl 40% der Mitglieder in der Einbecker SPD Frauen waren. Andererseits wurden in zahlreichen Artikeln und Referaten zu diesem Problemkreis gerade die Widerstände gegen Frauenkandidaturen beklagt[237]. Auch im Geschäftsbericht wurde bedauert, daß es bisher nur 5 Bürgervorsteherinnen im Unterbezirk gäbe[238]. Marie Kaldauke z.B. erzählte von Vorurteilen, mit denen gerade ihrer Tante Sophie Werzeiko begegnet worden sei[239]. Es war damals noch ungewohnter als heute, daß Frauen sich politisch exponierten. Weitere Kandidatinnen wurden bei Wahllisten von vornherein auf aussichtslose Plätze gesetzt[240].

Es gehörte zu solch repräsentierenden Aufgaben sicher ein gewisses Selbstbewußtsein und die Unterstützung der eigenen Familie, deren Versorgung mit den Aufgaben der Hausfrau und Mutter abgestimmt werden mußten. Man stelle sich einmal die Arbeit z.B. von Sophie Werzeiko vor. Sie war Bürgervorsteherin (Sitzungen fanden 3-4wöchentlich Mittwoch von 17 bis 20 Uhr statt), Mitglied zweier Ausschüsse (nach Protokollbüchern der städtischen Kollegien wurde monatlich getagt), Vorsitzende des Ausschusses für Arbeiterwohlfahrt und der Frauengruppe (Gruppensitzung jeden Mittwoch 20 Uhr, einmal Arbeiterwohlfahrt, einmal Frauengruppe, daneben Vorstandssitzungen), Mitglied des Bezirksausschusses für Arbeiterwohlfahrt in Hannover (Treffen bzw. Konferenzen etwa alle zwei Monate), freiwillige Helferin der Arbeiterwohlfahrt (Kinderausflüge, Altenbetreuung). Dies alles mußte sie neben einem Haushalt mit vier Kindern erledigen[241]. Die Kinder blieben meist ohne Aufsicht Erwachsener, wenn die Mutter zu Sitzungen ging. An Frauengruppen- und Arbeiterwohlfahrt-Abenden wurden sie vorher ins Bett gebracht. Wenn Magistratssitzungen u.ä.

waren, bereiteten die Kinder das Abendbrot, das nach der Rückkehr der Mutter gemeinsam eingenommen wurde[242].

Marie Kaldauke und Auguste Jünemann brachten ihre Söhne bei den Großeltern unter,
wenn sie Sitzungen besuchten[243]. Die Kinder von Regine Leifhold waren alle schon
älter und durch den Beruf der Mutter an deren Abwesenheit gewöhnt[244].

In solchen Familien, die traditionell mit der Arbeiterbewegung verbunden waren, gab
es weit weniger Widerstände gegen politisch aktive Töchter und Ehefrauen als in
anderen Familien. Mindestens die einfache SPD-Mitgliedschaft aller Familienangehörigen wurde gefördert[245].

Deswegen kann ein Bild wie es die Frauen S. Werzeiko, M. Kaldauke, R. Leifhold und
A. Jünemann darstellen, in keiner Weise repräsentativ sein für Positionen und das Ver-
trauen, welches ihnen im politischen Alltag entgegengebracht wurde. Es zeigt aber die
Probleme von Frauen, die politisch aktiv werden.

2.9. Die Situation 1933 und in den folgenden zwölf Jahren

Nach der Machtübernahme Hitlers am 30.1.1933 und den Kommunalwahlen am
12.3.1933 zerschlugen die Nationalsozialisten die örtlichen Organisationen der
SPD[246], so auch die Frauengruppen[247].

Zunächst hatten alle befragten Frauen nur an ein kurzes Interregnum Hitlers geglaubt,
sie hielten ihn nicht für allzu mächtig. Diese Einstellung könnte eine Folge der
mangelhaften Auseinandersetzung der SPD im Unterbezirk mit der Gefahr der nationalsozialistischen Bewegung gewesen sein[248].

Kurz vor dem 30.1.1933 wurde in Einbeck noch die Zusammenlegung aller Wohlfahrtsverbände geplant. Dies kam nicht zustande, weil der damalige Superintendent
die nationalsozialistischen Wohlfahrtsverbände einbeziehen wollte, wogegen sich die
SPD sperrte. - Eine Vorbesprechung im Rathaus Ende Januar 1933 blieb von der SA,
die gerade das Gebäude stürmte, unbemerkt[249].

Die Nationalsozialisten erwogen zunächst eine Integration der Arbeiterwohlfahrt in die
nationalsozialistischen Vereine, was sich als nicht durchführbar erwies. Der der Auflösung folgenden Beschlagnahme der Materialien, Unterlagen und sonstigen Gegen-
stände kamen die Ortsausschüsse in Münden und Einbeck teilweise zuvor.

Sophie Werzeiko vernichtete zusammen mit Christian Seitz rechtzeitig alle Spenden-
und Mitgliederlisten[250]. Die vier Nähmaschinen nahmen diejenigen Frauen mit nach
Hause, die am meisten daran genäht hatten.

Später wurden die Maschinen bezahlt. Der Erlös und die noch vorhandenen Gelder
wurden den Fahrten der Frauen zugesteuert, die ihre Männer in der Schutzhaft be-

suchten[251]. Ähnlich waren die Frauen in Einbeck der Auflösung zuvorgekommen. A. Jünemann schmuggelte noch kurz vor der Auflösung der Arbeiterwohlfahrt - die SPD war schon verboten - vom Bezirk in Hannover Geld nach Göttingen, Sudheim, Vogelbeck, Salzderhelden und Einbeck und brachte noch Gelder aus der Kasse des Unterbezirks in die Orte des Kreises Einbeck[252].

Über Repressionen zwischen 1933 und 1945 ist nur von Sophie Werzeiko bekannt, daß sie nach dem 20. Juli 1944 kurze Zeit in Haft war[253].

Die Frauen fühlten sich in dieser Zeit, besonders in Einbeck, derart überwacht, daß sie noch nicht einmal private Kontakte mit ihren Genossinnen aufrecht hielten[254].

2.10. Zusammenfassung

Bliebe nach der Darstellung der politischen Arbeit von Frauen innerhalb der SPD, die zum größten Teil durch einige, wenige Persönlichkeiten geprägt worden war, die Frage, warum es in Münden S. Werzeiko und A. Göthe, in Einbeck R. Leifhold und A. Jünemann gelang, im Rahmen der kommunalen Arbeit anerkannt zu werden.

Handelte es sich bei deren Kandidaturen zum Bürgervorsteherkollegium um das Herausstellen von sogenannten "Alibi"-Frauen? Im Zeitalter der Gleichberechtigung wäre es auch, um der Frauenstimmen bei Wahlen willen notwendig gewesen, Genossinnen kandidieren zu lassen. Es war - wie aus vielen Leserbriefen in der "Genossin" zu ersehen ist - wenig verbreitet, überhaupt Frauen als Kandidatinnen auf aussichtsreiche Listenplätze zu bekommen. Zudem sprechen die Zahlen der sozialdemokratischen Kommunalpolitiker mit öffentlichen Ämtern nicht gerade von einer Ausgewogenheit zwischen männlichen und weiblichen Abgeordneten[255].

Auguste Jünemann hingegen kann sich an keine Probleme bei Kandidaturen und in ihrer gesamten öffentlichen politischen Arbeit erinnern[256].

War es in diesem Fall vielleicht so, daß die Genossen auch starken (Frauen-)Persönlichkeiten wie S. Werzeiko und A. Jünemann ihre "Bewunderung" nicht versagen konnten und sie deswegen immer wieder als Kandidatinnen unterstützten[257].?

Trotz alledem bleibt die Frage offen, warum nur ganz wenige Frauen dauerhaft regelmäßig ins örtliche politische Leben eingreifen konnten, obgleich in Einbeck z.B. Ende der Weimarer Republik 40% der SPD-Mitglieder Frauen waren. Die Widerstände gegen politische Frauenarbeit sind nicht hauptsächlich auf das Mißtrauen der Parteigenossen zurückzuführen, sondern setzen auf einer niedrigeren Ebene an: Aktive Parteiarbeit konnte und kann - wie das Beispiel Sophie Werzeiko auf Seite 60 zeigt - mit dem nicht zu vereinbaren sein, was gemeinhin unter geregeltem Familienleben verstanden wird. Eine Parteikarriere hätte a priori den Verzicht auf Familie vorausgesetzt.

Vielen Frauen ist es aufgrund der vorhandenen gesellschaftlichen Bedingungen, die sie in ihre Rolle als Hausfrau und Mutter einspannen, nicht möglich, politische Arbeitskraft frei zu setzen. Die Tatsache, daß außer den führenden Genossinnen kaum weitere Namen von Frauen in den schriftlichen Berichten genannt sind, könnte darauf hinweisen, daß es den Mitgliedern der Frauengruppen mehr bedeutete, unter für sie günstigen - frauenspezifischen - Bedingungen Erholung und zusätzliche Tips für ihre Hausarbeit zu erreichen, als eine politische Karriere anzustreben.

Anmerkungen:

1. Prof. Dr. Hartenstein, MN 16.9.1928

2. K. Sittig. Geschichte der Stadt Münden, Hann. Münden 1932, S. 29; MN 16.9.1928 (Hartenstein)

3. Wilhelm Lotze. Geschichte der Stadt Münden, München 1878, S. 269; Der Landkreis Münden, Münden 1966, S. 72, 26

4. siehe Anm. 3

5. Thom, Jürgen. Die Geschichte der SPD in Münden, Examensarbeit (ms), Göttingen 1974, S. 65

6. Walter Hoffmann. Die Mündener Wirtschaft von Heute und ihre Möglichkeiten von Morgen, in: Hannoversch Münden. Brevier einer schönen Stadt, Hann. Münden 1950, S. 151ff, zit. nach: Bernd Utermöhlen, Mittelschichten und Nationalsozialismus in Hann. Münden. Die Radikalisierung der Mittelschichten in einer Kleinstadt am Ende der Weimarer Republik, Examensarbeit, Göttingen 1977, S. 48 Anm. 4

7. Thom, a.a.O., S. 66

8. Statistik des Deutschen Reiches, Bd. 455, Berlin 1936, S. 46/47 (im folgenden zit. als: StDR 455) und 40/41

9. StDR 401, S. 105/142

10. StDR 401, S. 56; StDR 332, S. 15: Hier werden für den gleichen Stichtag der Volkszählung am 16. Juni 1925 27.770 Einwohner angegeben.

11. StDR 401, S. 56; vgl. dazu: am 1.12.1910 waren unter 26.697 Einwohnern des Kreises 13.311 Frauen und 13.386 Männer (ebenda)

12. Arnold Beuermann. Hannoversch Münden. Das Lebensbild einer Stadt, Bremen 1951, S. 91

13. Erich Keyser (Hrsg.). Niedersächsisches Städtebuch, Stuttgart 1952, S. 115

14. Feise. Die Erwerbsverhältnisse in Einbeck, in: Die Stadt Einbeck, hrsg. unter Mitwirkung des Magistrats der Stadt Einbeck, Hannover 1926, S. 30

15. Koch, Eberhard. Die Geschichte der SPD in Einbeck und Uslar. Von den Anfängen bis zum Wiederaufbau der lokalen Organisationen nach 1945. Eine vergleichende Studie. Examensarbeit (ms), Göttingen 1976, S. 4

16. ebenda, S. 4/5

17. Keyser, a.a.O., S. 116

18. Koch, a.a.O., S. 5

19. StDR 455, S. 53/54
    Die anderen Berufe und die Arbeitslosen interessieren in diesem Zusammenhang nicht.

20. StDR 401, S. 105/142; im Vergleich: 8.10.1919 gab es in Einbeck 9.072 Einwohner (StDR 332, S. 36)

21. Koch, a.a.O., S. 6 (nach Keyser a.a.O., S. 115)

22. StDR 401, S. 58; vgl. StDR 332, S. 15: für den 16. Juni 1925 werden 27.065 Einwohner des Kreises angegeben.

23. StDR 401, S. 58; vgl. dazu am 1.12.1910: zusammen 26.730 Einwohner, davon 13.475 Frauen und 13.255 Männer (StDR 401, S. 58)

24. Thom, a.a.O., S. 718

25. Interview 4.10.77: unterstützt von Ehemann Ferdinand Kaldauke, der zeitweilig dabeisaß. Ferdinand K. ist - nach Aussage von Dr. Hans Kellner Sohn von Sophie Werzeiko aus 1. Ehe, 10.10.77 - der uneheliche älteste Sohn von Marie Müller, geb. Kaldauke, Schwester von Sophie Werzeiko und den 4 Brüdern Kaldauke. - Interviews werden im folgenden nur mit Angabe des Namens der Befragten und des Datums wiedergegeben. Wenn aus dem Text heraus die Befragte Person klar ist, steht nur das Datum des Interviews als Beleg.

26. so Thom, a.a.O., Kurzbiographien im Anhang; vgl. auch: Helga Grebing. Zur Problematik der personellen und prgrammatischen Kontinuität in den Organisationen der Arbeiterbewegung in Westdeutschland 1945/46, in: Herkunft und Mandat. Beiträge zur Führungsproblematik in der Arbeiterbewegung. Schriftenreihe der Otto-Brenner-Stiftung 5, 1977, S. 171 - 194, hier: S. 180 (zit. als: Grebing 1977)

27. Thom, a.a.O., S. 77, vgl. auch Tabelle S. 76 und S. 84 Anm. 122. In Tabelle 3 dieser Arbeit sind die Zahlen für 1933 weggelassen, da der Verfasserin entsprechende Unterlagen nicht zugänglich waren.

28. Wahlergebnisse für 1919, 1924, 1929 aus Mündener Tageblatt (zit. als: MT) 19.11.1929 für 1933 aus: MT 13.3.1933

29. Göttinger Volksblatt (zit. als: GV) 20. Juli 1929: Einbeck war einer der frühesten Ausgangspunkte der Arbeiterbewegung in der Umgebung Göttingens.

30. Koch, a.a.O., S. 274

31. Wilhelm Eisfeld, Ehemann von Gerda Eisfeld, der bei dem Interview am 8.3.78 zeitweilig dabeisaß. Vgl. auch Koch, a.a.O., S. 104 - 118

32. A. Jünemann, 30.11.77

33. Koch, a.a.O., Anhang Tab. 4c

34. ebenda, Tab. 5a. Der Organisierungsgrad der SPD-Wähler lag in Einbeck 1924 bei 1,53% und 1925 bei 4,6% (beide Zahlen für den Kreisverein), was jeweils guter Durchschnitt im Unterbezirk Göttingen bedeutete (Zahlen: vgl. Thom, a.a.O., für 1924 Tab. S. 76, für 1925 S. 84 Anm. 122)

35. Bericht von Frau Jünemann, 31.10.77: Ihr Vater z.B. diente als junger Mann auf einem Gut in Ostpreußen

36. Vgl. Kurzbiographien alter Sozialdemokraten bei Thom, a.a.O., Anhang und bei Koch, a.a.O., Anhang

37. So war Karl Jünemann, Ehemann von Auguste, der in Weimarer Republik Telegraphenarbeiter von Beruf war, später als Fernmeldeangestellter tätig. (A. Jünemann, 7.3.78)

Verein Arbeiter-Jugend

Mitgliedsbuch

für *Marie Schröder*

Beruf *Kraftfahrerin*

geboren am ____ ten ____ 19

eingetreten am *1.* ten *1.* 19 *20*

zu *München*

Der Vorstand.

Was soll das Jugendheim für die jungen Arbeiterinnen und Arbeiter, für die Lehrlinge sein?

Eine Stätte der Erholung und Erbauung.

Eine Stätte, wo Freundinnen und Freunde zusammenkommen und ihre Gedanken austauschen.

Eine Stätte, wo die junge Arbeiterschaft bei guten Spielen und Büchern die Sorgen des Alltags vergessen und ihren Geist schärfen soll.

Das Jugendheim ist aber kein Tummelplatz für jugendlichen Übermut.

❖

Meidet den Alkohol!
Raucht keine Zigaretten!
Lest gute Bücher!

Mitgliedsbuch von Marie Schröder (verheiratete Kaldauke) für die Sozialistische Arbeiterjugend

(Quelle: Privatbesitz Marie Kaldauke/Münden)

Harzwanderung der Sozialistischen Arbeiterjugend Münden 1920 - vorne Mitte:
Marie Schröder -
(Quelle: Privatbesitz Marie Kaldauke/Münden)

Mündener Sozialdemokratinnen zu einem Ausflug auf dem Ludwigstein 1931
- zweite von links: Sophie Werzeiko -
(Quelle: Privatbesitz Marie Kaldauke/Münden)

Regine Leifhold, ca. 1925
(Quelle: Privatbesitz Marianne Neumann/Einbeck)

Gerda Eisfeld am Hochzeitstag 1933
(Quelle: Privatbesitz Gerda Eisfeld/Einbeck)

Auguste Jünemann, ca. 1925
(Quelle: Privatbesitz Auguste Jünemann/Einbeck)

38. z.B.: M. Kaldauke = ev., später sehr distanziert; S. Werzeiko = ev.; A. Jünemann = ev., ausgetreten; M. Neumann = ev. (wegen Berufsmöglichkeiten der Mutter, die Hebamme in Einbeck war), dann in der Freidenkerbewegung; G. Eisfeld = mennonitisch

39. Albrecht Lehmann. Das Leben in einem Arbeiterdorf. Eine empirische Untersuchung über die Lebensverhältnisse von Arbeitern. Alltagsleben in Familie und Wohnbereich, Beziehungen zu Gastarbeitern, Formen und Funktionen der Alltagskommunikation, persönlichen Interessen und freiwilligen Tätigkeiten in der arbeitsfreien Zeit, Göttinger Abhandlungen zur Soziologie, Bd. 23, Stuttgart 1976, S. 166

40. Dazu A. Lehmann, a.a.O., S. 168: "Die Teilnahme am Vereinsleben mit seinen Mitgliederversammlungen, Vorstandssitzungen, öffentlichen Auftritten in der Gemeinde und privaten Geselligkeiten im Gasthaus ist der am häufigsten gewählte Fluchtweg. Das hohe Ansehen der Vereine in der dörflichen Öffentlichkeit vermittelt aber nicht nur respektable Vorwände zum Verlassen des familialen Bereichs, sondern bietet den Arbeitern darüber hinaus auch die Möglichkeit, ihren inferioren Status am Arbeitsplatz in dieser bürgerlichen Form der Selbstdarstellung zu kompensieren."

41. A. Jünemann, 7.3.78; M. Kaldauke, 13.3.78

42. entfällt

43. Als Nachfolgerin von Gerda Eisfeld. Frau Neumann war erst 1950 als Witwe wieder nach Einbeck zurückgekehrt.

44. Sophie Werzeikos Geburtsname Kaldauke ist sozusagen ein "Markenzeichen" für die Mündener SPD: Vater Kaldauke und ihre Brüder waren schon in der Arbeiterbewegung. Marianne Neumanns Eltern waren SPD-Mitglieder, die Mutter Regine Leifhold für die SPD im Bürgervorsteherkollegium von 1919 - 1929

45. Marie Kaldauke heiratete Ferdinand K., Sohn von Marie Müller, geb. Kaldauke, Schwester von Sophie Werzeiko und den 4 bekannten Brüdern Kaldauke. Auguste Jünemann heiratete in die Familie Jünemann; der Schwiegervater war derzeit Ortsvorsteher der SPD in Einbeck.

46. Dies gilt wahrscheinlich nicht für Sophie Werzeiko. Marie Kaldauke berichtete (Interview 13.3.78), daß ihr Frau Werzeiko oft geklagt habe über den Unmut ihres zweiten Mannes Otto Werzeiko, wenn er (was in der Weimarer Republik seltener war) nicht auf Montage, sondern zu Hause war.

47. Vgl. in diesem Zusammenhang S. 60, wo einmal die Arbeitsbelastung am Beispiel von S. Werzeiko beschrieben wurde.

48. Marie Kaldauke unterbrach ihre politische Tätigkeit 1 1/2 Jahre als ihr Sohn Eduard 1928 geboren wurde (Interview 4.10.77). Sophie Werzeiko zog sich vorübergehend zurück, als ihr 4. Kind, ein Sohn, geboren wurde (Interview mit H. Kellner, 10.10.1977). Die Geburt des Sohnes Heini 1922 war der Grund, warum Auguste Jünemann nicht gleich nach ihrer Anmeldung in die SPD zu Versammlungen ging (Interview 31.10.1977). Ebensolche Erfahrungen wurden auch im Gespräch mit der ehemaligen SPD-Frauengruppe Einbeck am 30.11.77 bestätigt (z.B. von Irmtraud Bünger, Lisbeth Auel, Rose Kopper).

49. vgl. S. 11 ff. dieser Arbeit

50. M. Kaldauke, 4.10.1977; A. Jünemann, 31.10.77

51. Geschäftsbericht 1928, S. 14

52. Siehe Bericht des 8. Frauentages des Unterbezirks Göttingen 1930 in

Duderstadt, S. 5

53. Marie Kaldauke, 4.10.1977 und 13.3.1978; Auguste Jünemann, 30.11.1977; Geschäftsbericht 1928, S. 14

54. die allerdings nur noch in unvollständigen Einzelexemplaren in Privatbesitz vorhanden sind

55. entfällt

56. Kaldauke, 4.10.1977: Sie war zu der Zeit Verkäuferin im Konsumverein (seit 1920) und wurde vom Geschäftsführer gebeten, eine Gruppe Frauen, die in der SPD war bzw. ihr nahe stand, zu unterstützen, Lebensmittel für Pakete an arme Familien abzupacken. Mehl, Zucker u.ä. war z.T. vom Konsumverein gestellt worden. Marie Schröder war noch nicht Mitglied der SPD, sie kannte aber die Genossinnen über ihren Vater.

57. Bericht vom Frauentag des Unterbezirks in Osterode, 1929: Die Arbeiterwohlfahrt schaut im Unterbezirk Göttingen auf eine nunmehr 7jährige hilfreiche Tätigkeit zurück. Marie Kaldauke, 4.10.1977: Sie selbst war gerade Mitglied der SPD geworden (1922). Zur konstituierenden Sitzung sei sie von Sophie Werzeiko eingeladen worden; sie war die jüngste im Kreis der Anwesenden. - Die folgenden Detailinformationen stammen von Marie Kaldauke.

58. siehe auch: Vorankündigung für eine Wohltätigkeitsveranstaltung zugunsten der Arbeiterwohlfahrt, abgedruckt in: Mündensche Nachrichten (zit. als: MN) 5.11.1924,

59. So berichtet A. Jünemann, 31.10.77: Ihr Schwiegervater habe sie 1922 einfach ohne zu fragen in der SPD angemeldet, da wieder einmal im Unterbezirk eine Kampagne gestartet worden war, in der alle Genossen aufgefordert wurden, ihre Frauen und erwachsenen Töchter in die Partei zu integrieren. Die Familie Jünemann sei eh eine alte sozialdemokratische Familie gewesen, wo üblicherweise alle Angehörigen Mitglieder wurden. Vgl. auch Koch, a.a.O., S. 173/74

60. GV 19.10.1920

61. Einbecker Tageblatt (zit. als: ET) 24.2.1919: Leifhold auf Platz 5 des Wahlvorschlages SPD. Auskunft: M. Neumann, Tochter von Regine Leifhold, 31.10.1977

62. GV 25.11.1920

63. GV 14.12.1920

64. Über Frau Grude liegen leider keine Informationen mehr vor, da niemand mehr über sie und ihre Lebensverhältnisse Bescheid wußte.

65. M. Neumann, 31.10.1977 und 7.3.1978. Persönliche Berichte waren der Verfasserin leider nicht zugänglich, da alle direkt daran beteiligten Frauen schon verstorben sind.

66. GV 20.7.1929: Artikel von Auguste Jünemann über die Arbeiterwohlfahrtsarbeit in Einbeck; A. Jünemann, 7.3.1978; Bericht des Unterbezirk-Frauentages in Osterode, 1929, S. 12; Bericht des Unterbezirk-Frauentages in Duderstadt, 1930, S. 12

67. M. Neumann, 31.10.1977

68. so z.B. in Göttingen, Northeim, Duderstadt

69. Siehe S. 23; GV 23.12.1927: "Die Republik mit sozialem Geiste füllen, möge oberster Grundsatz aller Kreise der Bevölkerung werden."

70. Siehe z.B. die Aufschrift der Werbepostkarte der Arbeiterwohlfahrt: "Die Arbeiterwohlfahrt ist die soziale Selbsthilfe der Arbeiter."

71. Bericht von S. Werzeiko auf dem Frauentag des Unterbezirks in Duderstadt, 1930, S. 8 - Es gab in Münden noch drei bürgerliche Wohlfahrtsverbände (GV 8.11.1924)

72. siehe S. 23

73. GV 8.1.1924: Die Verbindung von öffentlichen und privaten Initiativen.

74. GV 23.9.1924: S. Werzeiko berichtet von der Parteiversammlung der SPD

75. Genossin Nr. 5/6 1932, S. 130: Jahresbericht 1931 zum Problem der Werbung von Landfrauen für die SPD: "Hier gibt oft die Gründung von ländlichen Arbeiterwohlfahrtsgruppen den ersten Anlaß, um den Landfrauen ihre tief eingewurzelte Scheu vor dem Sozialismus zu nehmen."

76. Geschäftsbericht 1929, S. 4: Männer waren vor 1933 in der "Domäne der Frau" nicht vertreten. M. Kaldauke, 13.3.1978: Die Männer halfen höchstens beim Transport der Mahlzeiten bei Kinderausflügen. A. Jünemann, 20.11.1977: Bei mehrtägigen Ausflügen mit Arbeiterkindern wurde ein Mann als Aufsicht für den Jungenschlafsaal in den Jugendherbergen mitgenommen. Vgl. auch S. 27 ff.

77. Artikel von A. Jünemann über die Arbeiterwohlfahrt in Einbeck (GV, 20.7.1929)

78. Geschäftsbericht 1925, S. 7

79. ebenda, S. 8

80. Bericht auf dem 7. Frauentag des Unterbezirks 1929 in Osterode, S. 4

81. Karl Schlüter aus Duderstadt in einem Brief an die Verfasserin vom 30.10.1977; Heise, 30.10.77; M. Kaldauke, 4.10.77; K. Wedekind, Einbeck, am Telefon 15.11.77; Mitglieder der Frauengruppe der SPD in den 50er Jahren in Einbeck bei einem Treffen, 30.11.77; G. Eisfeld, 8.12.77

82. M. Kaldauke, 4.10.1977: die folgenden Informationen entstammen ebenfalls diesem Gespräch

83. Hier könnte möglicherweise eine Erklärung für den Namen der Frauengruppe als "Sozialistische Frauengruppe" zu finden sein.

84. siehe Lebenslauf, S. 104 f

85. GV 12.2.1924, 20.2.1924, 22.2.1924: Elise Bartels "verstand es vorzüglich, in die Herzen der Frauen einzudringen".

86. Auskunft von Dr. H. Kellner, Sohn von Frau Werzeiko, 10.10.1977

87. GV 15.2.1924

88. ebenda

89. weswegen sich die Gruppe wohl auch deutlich das Etikett einer SPD-Organisation gab: "SPD-Frauengruppe" (M. Neumann, 31.10.1977, 7.3.1978)

90. A. Jünemann, 30.11.1977; z.B. GV 23.3.1924 und 7.7.1924

91. z.B. GV 24.2.1927 und 23.1.1930

92. Gespräch mit den Frauen der SPD-Frauengruppe der 50er Jahre in Einbeck, 30.11.1977

93. M. Neumann, 30.11.1977, GV 10.1.1926

94. Hannoversche Presse (Einbecker Presse) 12.8.1971, Privatbesitz von M.

Neumann. Es war leider nicht mehr möglich, Fahne und Wimpel 1978 wieder-
zufinden. Keine der Befragten konnte sich erinnern, wo sie nun hingelangt
waren, da die SPD heute kein eigenes Vereinslokal mit Lagerraum mehr hat.

95. M. Kaldauke, 4.10.1977; M. Neumann, 31.10.1977

96. Es wurde in den Lokalteilen des GV jeweils dazu eingeladen, Ort, Zeitpunkt und u.U. Thema bekanntgegeben. Vgl. auch Geschäftsberichte des Unterbezirks 1925 - 1931. In Münden trafen sich die Frauen Dienstagabend
und in Einbeck Mittwochabend.

97. Münden: Schützenhaus, Gerstenberg, Gewerkschaftshaus; Einbeck: Konsumverein, Rheinischer Hof

98. Münden: M. Kaldauke, 4.10.1977: In Münden wurde dies leider viel zu wenig
praktiziert, da kaum ein Mitglied der Frauengruppe einen angemessen
großen Raum bieten konnte. Einbeck: Ab 1929 traf sich die Frauengruppe
fast regelmäßig bei A. Jünemann, Oleburg 7 (vgl. Hinweise im GV). Im
Frühjahr und Herbst saßen die Frauen des öfteren zur Diskussion im Garten
des Jünemann'schen Hauses. (A. Jünemann, 7.3.1978)

99. Die Mündener "Sozialistische Frauengruppe" hatte Verbindung zur Frauengruppe der SPD in Kassel: Beide trafen sich zum Gedankenaustausch oder
verabredeten ein Lokal als gemeinsames Ausflugsziel, wohin die Frauen
dann von Kassel und Münden aus wanderten (M. Kaldauke, 12.10.1977; z.B.
GV 6.9.1925 und 5.9.1926). Die Einbecker trafen sich mit den Northeimer
Frauen zu Diskussionen, nach der Gründung der Frauengruppen in Salzderhelden und Stöckheim waren die Verbindungen dorthin intensiver. (A.
Jünemann, 31.10.1977; vgl. auch GV 5.3.1927) In Salzderhelden und Vogelbeck entstanden 1928/29 Frauengruppen. Vogelbeck wurde von Einbeck und
Northeim betreut (es gehörte zum Kreisverein Northeim) (GV 25.4.1928,
25.2.1930) Bericht vom Frauentag in Osterode 1929, S. 14

100. Informationen aus: Geschäftsberichte 1925 - 1931; Berichte der Frauentage
in Osterode 1929 und Duderstadt 1930; Einladungen im GV: 14.5.1925,
1.9.1925, 17.2.1926, 11.8.1926, 5.2.1927. 25.4.1928, 11.10.1928,
20.3.1930
Vorstandskonferenzen fanden statt:
1925: 3 Konferenzen
davon eine im Mai in Einbeck; eine andere am 6.9. in Northeim, Gesellschaftshaus
1926: 3 Konferenzen
davon eine am 21.2.1926 in Einbeck, Rheinischer Hof; Tagesordnung
1. Bericht jeder Ortsgruppe über die geleistete Arbeit, 2. Bericht
vom Bezirksausschuß, 3. Unsere weitere Arbeit; die dritte Konferenz
fand in Münden statt
1927: 2 Konferenzen
Davon war eine am 6.2. in Northeim, Gasthof "Rückling", zum Thema
"Wahlen" mit einem Referat der Genossin Reese. Nach einer vorberei-
teten Besprechung über den Frauentag in Uslar fand ein gemeinsames
Mittagessen statt.
Am 11.10. trafen sich die Vorstände und die Bürgervorsteherinnen in
Northeim, Huchs Gesellschaftshaus; Tagesordnung: 1. Referat der
Genossin Brühn "Die Frau in der Gemeinde", 2. Unsere weitere Arbeit
1929: 2 Konferenzen
Das erste Treffen fand mit der Genossin Berta Kröger als Referentin
zum Thema "Die Arbeit der Frau in der Partei" in Northeim statt,
das zweite in Salzderhelden
1930: 1 Konferenz
Für die folgenden 2 Jahre sind keine genauen Belege mehr vorhanden.

101. z.B. GV 20.1.1925, 22.4.1925, 19.3.1924

102. GV 23.3.1924, 21.9.1924, 30.1.1932; M. Kaldauke, 4.10.1977

103. GV 18.10.1924, 16.5.1930, 25.10.1932

104. GV 27.8.1930, 11.9.1930, 16.7.1932; M. Kaldauke, 4.10.1977

105. Berichte im GV; M. Kaldauke, 12.10.1977; A. Jünemann, 30.11.1977

106. Münden: Sophie Werzeiko 1919 - 1933, Anna Göthe 1924 - 1933
Einbeck: Regine Leifhold 1919 - 1929, ab 1929 im Kreistag; Auguste
Jünemann 1929 - 1933; siehe auch S. 59 f.

107. Über die Vorständekonferenzen vgl. S. 31 f.. Zu den Kursen gibt es keine
schriftlichen Belege, die zugänglich waren. In einigen Zeitungsnotizen
wurde bei der Einladung zu Frauenabenden darauf verwiesen, daß ein
Bericht über einen Kurs gebracht werde.

108. 1924, Göttingen: Leitung Elise Bartels/Hildesheim
1925, Einbeck: Vorsitz Genossin Grude/Einbeck
1926, Northeim: Unter Vorsitz der Genossinnen Strohmeyer und Günther aus
Northeim
1927, Münden: Vorsitzende waren Werzeiko/Münden und Schröder/Osterode,
Schriftführerinnen waren Jünemann/Einbeck und Günther/Northeim
1928, Uslar: Vorsitzende Werzeiko/Münden und Schönitz/Uslar, Schriftführerinnen waren Beulshausen/Vogelbeck und Urban/Salzderhelden
1929, Osterode: Vorsitzende waren Werzeiko/Münden und Schröder/Osterode,
Schriftführerinnen waren Stegen/Göttingen, Jünemann/Einbeck und
Günther/Northeim
1930, Duderstadt: Vorsitzende Werzeiko/Münden und Stegen/Göttingen,
Schriftführerinnen waren Dreymann/Lauterberg, Beulshausen/Vogel-
beck und Hirschfeld/Duderstadt
1931, Bad Lauterberg: Vorsitzende waren Werzeiko/Münden und Reymann/Lau-
terberg, Schriftführerinnen die Genossinnen Stegen/Göttingen und
Fahlbusch/Weende
1932, Göttingen: Vorsitzende waren Quentin/Göttingen und Jünemann/Ein-
beck, Schriftführerinnen Wiede/Göttingen, Rettberg/Geismar und
Beulshausen/Vogelbeck
(aus den jeweiligen Berichten im GV)

109. z.B. GV 8.5.1928 und 28.6.1930

110. Bericht z.B. GV 11.6.1929: "Und solcher Opfer ist nur der fähig, der mit
Begeisterung für eine große, für eine kleine Sache erfüllt ist ... sie
stellen damit uns Männer in den Schatten. Eifern wir ihnen nach." vgl.
auch GV 27.6.1932

11. M. Kaldauke, 12.10.1977; A. Jünemann, 31.10.1977; GV 14.6.1925

112. laut GV 27.6.1932

113. Schriftliche Belege von Frauentagen lagen der Verfasserin nur von 1929
Bad Lauterberg und 1930 Duderstadt vor.

114. Vgl. GV: 27.8.1924, 31.8.1924; 14.6.1925, 21.6.1925, 25.6.1925;
24.6.1926, 3.7.1926, 8.7.1926; 3.7.1927, 13.7.1927; 1.7.1928, 3.7.1928;
11.6.1929; 28.6.1930, 1.7.1930; 4.6.1931, 27.6.1931, 30.6.1931;
20.6.1932, 27.6.1932, 28.6.1932

115. vgl. Biographien,

116. GV 11.6.1929, 1.7.1928, 25.6.1932

117. Hinweise im GV vom 11.6.1929 und vom 25.6.1932, 1.7.1928

118. GV 31.8.1924

119. GV 14.6.1925

120. Vgl. S. 21 f.

121. GV: 11.6.1929; A. Jünemann, 30.11.1977; M.Kaldauke, 13.3.1978

122. GV: 21.6.1925

123. siehe S. 105

124. GV: 25.6.1925

125. ebda.

126. Über deren Verlauf leider nichts berichtet wurde.

127. M. Kaldauke, 4.10. 1977; M. Neumann, 7.3.1978

128. Biographie, siehe S. 102 ff

129. Vgl. GV 3.7.1936 und 8.7.1926

130. siehe S. 107

131. Gertrud Hanna: Frauenarbeit und internationales Arbeitsamt, Berlin 1930
     S. 7

132. GV 3.7.1928

133. Biographie, siehe S. 107 f

134. GV 3.7.1928

135. Biographie, siehe S. 108

136. GV 11.6.1929

137. GV 11.6.1929

138. Biographie, siehe S. 108

139. GV 1.7.1930 (Die folgenden Ausführungen sind Wiedergabe der hier berich-
     teten Thesen)

140. Vgl. S.1

141. GV 1.7.1930

142. Biographie, siehe S. 105

143. GV 1.7.1930

144. GV 30.6.1931

145. GV 1.7.1931 - Im folgenden werden Auszüge aus diesem Bericht wiedergege-
     ben. Biographie von A. Zammert, siehe

146. GV 27.6.1932

147. GV 28.6.1932

148. Als aktive Diskussionsteilnehmerinnen werden ausdrücklich M. Kaldauke
     und A. Jünemann genannt.

149. GV 27.6.1932

150. Tab. Die Frauenbewegung im Bezirk Hannover, S.41 f.

151. Vgl. Tabelle 3, S. 122

152. Vgl. S. 50 ff

153. Siehe Tab. unten (S. 41 f) Die SPD-Frauenbewegung im Bezirk Hannover

154. Dieses Amt fiel z.B. Johannes Lau nicht ganz leicht, da er als Mann viele
Frauenaktivitäten seiner Meinung nach nicht unbedingt beurteilen konnte
(vgl. Anm. 3, S. 16)

155. A. Jünemann, 30.11.1977: inhaltlich konnte sie sich allerdings an nichts
mehr erinnern. Die Tagesordnung der Bezirksfrauenkonferenz vom 18.6.1927
ist als einzige schriftlich belegt (in: "Genossin" Nr. 8/1927): 1.
Genosse Lau: Der Stand der Frauenbewegung im Bezirk Hannover, 2. Genossin
Reese: Wie gewinnen wir die Frauen?, 3. M. Juchacz: Die Frau und das Heidelberger Programm, 4. Aussprache über allgemeine Probleme

156. Wenn keine Zahlen vorhanden, dann fanden sich keine Belege; bei "-"
fanden sich in den entsprechenden Belegstellen keine Angaben.
Zweimal wurde in der "Genossin" ein tabellarischer Überblick über die
zahlenmäßige Entwicklung der Frauenbewegung gegeben: 1926 und 1928. Im
folgenden wurden die Informationen für den Bezirk Hannover zusammengestellt:
1925/26 aus "Genossin" Nr. 3/1927, S. 82; 1927/28 aus "Genossin" Nr.
3/1929, S. 103; 1929 aus "Genossin" Nr. 2/1930, S. 79/80; 1930/31 aus
"Genossin" Nr. 7-8/1931, S. 259

157. vgl. S. 48 ff.

158. M. Kaldauke, 4.10.1977; M. Neumann, 7.3.1978; vgl. auch Zeitungseinladun-
gen und -berichte

159. siehe auch S. 27 ff. und S. 30 ff.

160. M. Kaldauke, 4.10.1977; A. Jünemann, 30.10.1977; vgl. auch S. 45 ff.

161. M. Kaldauke, 4.10.1977; M. Neumann, 31.10.1977; A. Jünemann, 31.10.1977;
vgl. auch: Juchacz, Winke, a.a.O., S. 9/10

162. 12.10.1977

163. 31.10.1977

164. z.B. GV, Lokalteil Einbeck, 3.6.1926

165. s. Dokument 4, S. 112

166. Vermutlich gilt die von A. Jünemann am 31.10.1977 genannte Zahl von 200
Frauen als Mitglieder der Frauengruppe für die Besucherinnen solcher Veranstaltungen in Einbeck, da diese Zahl alleine von der Mitgliederzahl nie
erreicht wurde (vgl. Tab. 1, S. 121)

167. MN 13.4.1924

168. Vgl. Jahresberichte in "Genossin"; Geschäftsberichte des Unterbezirks
1925 - 31; Dr. H. Kellner, 10.10.1977; M. Kaldauke, 12.10.1977; A. Jünemann, 31.10.1977; M. Neumann, 7.3.1978

169. vgl. auch S. 32

170. vgl. auch S. 31

171. 31.10.1977; GV 3.6.1926: Hinweise darauf, daß heute Abend vor der Frauengruppe die Genossin Jünemann über einen Kurs in Bad Grund berichtet.

172. Vgl. "Genossin" Nr. 3/1929, S. 102; Nr. 10/1930, S. 368 - 371 (W. Krüger:
Möglichkeiten der politischen Agitation auf dem Lande); ebenda, Nr.
5/1932, S. 130

173. M. Kaldauke, 12.10.1977, 13.3.1978; vgl. auch Berichte über Unterbezirks-
Frauentage im GV 3.7.1928 und 11.6.1929

174. Vgl. S. 34/35

175. Spruchbänder: Zur Begrüßung prominenter Gäste; Bebelspruch: "Dem Sozialismus gehört die Zukunft, d.h. dem Arbeiter und der Frau" etc.

176. Informationen im folgenden: GV 14.6.1925, 21.6.1925, 25.6.1925; vgl. Tagesordnung, S. 111 vgl. auch S. 35/36

177. In Anlehnung an "Brüder zur Sonne zur Freiheit"

178. Dies betonte A. Jünemann, 31.10.1977

179. Informationen aus GV 3.7.1927 und 13.7.1927; M. Kaldauke, 13.3.1978; vgl. auch S. 36/37

180. Dieser Aussage nachzugehen war leider nicht mehr möglich, da die meisten Betroffenen schon tot sind. M. Kaldauke bestätigte dies am 13.3.1978

181. Bericht vom Frauentag 1929 in Osterode: über Münden S. 9, über Einbeck S. 13; Bericht vom Frauentag 1930 in Duderstadt: über Münden S. 8, über Einbeck S. 13; Quartalsbericht der Arbeiterwohlfahrt Münden: GV 11.9.1927; A. Jünemann. Die Arbeiterwohlfahrt, in: GV 20.7.1929; Interviews: M. Kaldauke, 4.10.1977; Dr. H. Kellner, 10.10.1977; A. Jünemann, 31.10.1977; M. Neumann, 31.10.1977

182. Die Vereine beteiligten sich ohne Entgelt. So war Eintritt und Überschuß aus Essen und Trinken Reinerlös der Arbeiterwohlfahrt.

183. Pakete für arme Familien, Weihnachtsfeier für die Alten etc., s.u.

184. Münden: GV 6.11.1924, 21.10.1925, 24.11.1926; Einbeck: GV 3.10.1924, 2.12.1925, 10.12.1926, 1.12.1927, 19./30.10.1928, 1.10.1929, 31.10.1930

185. M. Kaldauke, 4.10.1977; M. Neumann, 31.10.1977

186. GV 6.7.1924

187. Dr. H. Kellner, 10.10.1977; M. Kaldauke, 12.10.1977

188. GV 7.7.1927

189. Dr. H. Kellner, 10.10.1977; M. Kaldauke, 12.10.1977

190. z.B. GV 29.7.1925 - Zahlreiche Berichte im GV geben Aktionen und Begeisterung der Beteiligten an diesen Ausflügen wieder.

191. Informationen aus: GV 15.7.1926, 3.10.1926, 24.7.1927, 14.6.1928, 10.7.1928, 28.7.1928, 15.5.1929, 25.6.1930, 9./27.7.1931, 1./2.7.1932, 4.7.1932. A. Jünemann, 31.10.1977; M. Neumann, 31.10.1977

192. A. Jünemann. Die Arbeiterwohlfahrt, in: GV 20.7.1929; Berichte der Frauentage 1929 und 1930; GV 10.1.1926, 31.1.1930, 26.1.1931; M. Kaldauke, 4.10.1977, A. Jünemann, 31.10.1977

193. siehe Photo Nr. 20

194. Informationen aus: GV 27.2.1925, 1.3.1925, 16.8.1925, 10.1.1926, 8.8.1926, 12.12.1926, 24.4.1927, 4.9.1927, 15.1.1928, 26.8.1928; M. Kaldauke, 12.10.1977; M. Neumann, 7.3.1978

195. M. Kaldauke, 4.10.1977

196. M. Neumann, 31.10.1977, 7.3.1978; GV 22.10.1924, 14.7.1925, 30.10.1925, 13.12.1928, 30.11.1932

197. Münden: GV 27.12.1925, 15.12.1926, 23.12.1927; Einbeck: GV 30.12.1924, 1.1.1926, 30.12.1927, 4.1.1929, 28.12.1929

198. Dr. H. Kellner, 10.10.1977; M. Kaldauke, 4.10.1977; M. Neumann, 31.10.
     1977; A. Jünemann, 31.10.1977

199. siehe Photo Nr. 21

200. in Einbeck z.B. "Thalia", siehe Photo Nr. 22

201. z.B. GV: Mündener Lokalseite 28.2.1928; Einbecker Lokalseite 7.1.1928

202. GV 22.12.1927, 8.2.1928, 9.12.1927, 7.3.1928; M. Kaldauke, 12.10.1977; M.
     Neumann, 31.10.1977

203. GV 27.8.1932, 26.1.1931; Interviews vgl. ebenda

204. M. Kaldauke, 4.10.1977

205. A. Jünemann. 30.11.1977; ähnliches betont auch M. Kaldauke, 4.10.1977

206. So wird es heute noch in Einbeck unter den Frauen der alten SPD-Frauen-
     gruppe, die sich Ende der 50er Jahre aus der aktiven Arbeit zurückzog,
     gehandhabt. Die Verfasserin war am 30.11.9177 einmal Gast bei einem sol-
     chen Treffen, wo sehr viel Informationen bestätigt wurden, die bis dahin
     schon gesammelt worden waren.

207. GV 2.9.1925, 28.8.1927. Weitere Belege im GV (für Frauenausflüge in
     Münden): 28.5.1925, 23.5.1926, 5.9.1926, 4.6.1927, 26.5.1928, 9.9.1928

208. M. Kaldauke, 12.10.1977

209. ebenda; GV 23.11.1926

210. Beliebte Ziele waren "Waldschlößchen", "Sultmer Waldschenke", Hinter den
     Teichen, siehe GV z.B. 3.9.1925, 26.8.1928, 9.7.1929, 9.7.1930

211. M. Neumann berichtete gerade von solchen Festen mit Begeisterung (31.10.
     1977). Weitere Informationen über die Frauenausflüge gab A. Jünemann,
     30.11.1977

212. GV 17.8.1929

213. Die gemeinsame inhaltliche Vorbereitung in der Frauengruppe hatte sie
     ihre Scheu, vor einer größeren Menge zu reden, überwinden lassen. Nach
     dem Hauptreferat fiel sie durch ihre fundierten Beiträge in der Diskus-
     sion auf, so daß Marie Juchacz auf sie aufmerksam wurde und sie zu sich
     rufen ließ, um sich nach der Arbeit der Mündener Frauengruppe zu erkundi-
     gen. Alle Mündener Frauen seien sehr stolz auf die junge Genossin Kal-
     dauke gewesen. (4.10.1977)

214. 30.11.1977

215. A. Jünemann erzählte (10.11.1977), daß sie mehrfach Frauen bei sich zu
     Hause untergebracht habe. Meist seien die Besucherinnen von ihr und noch
     ein oder zwei Genossinnen am Bahnhof abgeholt worden, um bei ihr kurz bei
     einem ersten kleinen Gespräch Kaffee zu trinken. In den Veranstaltungen
     sei nicht eine anonyme Atmosphäre aufgetreten, wie dies heutzutage der
     Fall sei, da auch einige andere Frauen schon einmal vorbeigeschaut hätten
     und die Besucherin begrüßt und einen persönlichen Eindruck bekommen hät-
     ten. Nach den Veranstaltungen seien oft noch halbe Nächte diskutiert wor-
     den. Manchmal sei ein längerer Briefkontakt zustande gekommen.

216. Im folgenden werden Zahlenangaben über die Mitgliederbewegung im Unterbe-
     zirk Göttingen, im Ortsverein und Kreisverein Münden, im Ortsverein und
     Kreisverein Einbeck verwertet, die sich teilweise von Thoms Untersuchun-
     gen über Münden und Kochs Untersuchungen über Einbeck unterscheiden.
     Dies ist auf die abweichenden Aussagen der verschiedenen Quellen zurück-

zuführen. Diese Arbeit bezieht sich ausschließlich auf die Geschäftsberichte des Unterbezirks Göttingen 1919-1931 und 1947-1949. Es wäre nun zu überprüfen, welche der zitierten Quellen die glaubwürdigere ist, bzw. wie die unterschiedlichen Angaben zustande kamen.

217. Die Hintergründe für diese Entwicklung der weiblichen Mitgliederbewegung der SPD konnten nicht geklärt werden. Möglicherweise bestimmten Männer zu dominant die örtliche Politik. Die Genossen legten keinen so großen Wert darauf, daß Frauen und Töchter auch Parteimitglied wurden, wie dies in Einbeck der Fall war.

218. vgl. dazu Thom, a.a.O., S. 77, der teilweise andere Zahlen für die Mitgliederstärke nennt, und sowohl für 1925 als auch 1937 145 Frauen als Mitglieder im Kreisverein Münden angibt.

219. GV 24.2.1928, Lokalseite Einbeck: Die Frauengruppe Salzderhelden, die erst vor wenigen Wochen gegründet worden war, nahm am Stiftungsfest der Einbecker Frauengruppe teil.
GV 25.4.1928: Frauengruppen auch in Salzderhelden
GV 23.1.1930, Lokalseite Einbeck: Bericht in der Generalversammlung der Frauengruppe Einbeck, daß in Stöckheim eine Frauengruppe gegründet worden sei. siehe: Bericht aus Einbeck vor dem Frauentag 1930 in Duderstadt, S. 12; Bericht vom Unterbezirk-Frauentag Osterode 1929 über Einbeck: Gründung der Frauengruppe in Salzderhelden

220. vgl. dazu auch Koch, a.a.O., S. 1973/74

221. vgl. auch S. 59 ff. Es gab keine Frauen im Ortsverein-Vorstand

222. Frauenanteil in anderen Ortsvereinen des Unterbezirks:
1925: Uslar 50,8%; Northeim 39,3%; Einbeck 34,12%; Göttingen 28,6%; Osterode 27,5%; Hann. Münden 15,74%
1930: Einbeck 40%; Uslar 38,5%; Göttingen 28,5%; Osterode 26,5%; Northeim 27,2%; Hann. Münden 19,35%
dagegen im Unterbezirk insgesamt: 1925: 17,21%; 1930: 17,13%
(aus den Geschäftsberichten 1925 und 1930)

223. Geschäftsberichte des Unterbezirks (wurden aber nicht in die Tabellen für diese Arbeit aufgenommen)

224. Geschäftsberichte 1925 - 1930; Berichte der Frauentage in Osterode 1929 und Duderstadt 1930. Die Zahlen in Klammern geben anders genannte an, wobei die erstgenannten zweimal überliefert sind.
Für 1928: vgl. "Genossin" 1928, S. 339, Bericht über den Frauentag des Unterbezirks in Uslar

225. 1927 gab es nur 465 weibliche Stadtverordnete der SPD und unter 45.600 sozialdemokratischen Kommunalvertretern nicht 1.000 Frauen.
vgl. S. 8 ff., besonders S. 8, Anm. 12

226. Geschäftsbericht 1925, S. 8

227. vgl. Dokument 5, S. 116 f

228. Protokollbuch über die Sitzungen der städtischen Kollegien zu Münden 1922 - 1930, handschr., S. 164; Informationen über die Biographie von Frau Göthe waren nicht erreichbar.

229. siehe Dokument 5, S. 116 f

230. ebenda; siehe auch Bericht des Frauentages 1930 in Duderstadt, S. 4

231. Interview 7.3.1978

232. Karl Schlüter in einem Brief vom 30.10.1977, Hans Heise, 15.12.1977;

232. Dr. H. Kellner, 10.10.1977; A. Jünemann, 7.3.1978; vgl. auch Koch, a.a.O., S. 274

234. S. Werzeiko war 1924 - 1929 Mitglied des 5. Kollegiums (Ausschuß im Bürgervorsteherkollegium), des Armenkollegiums und des 16. Kollegiums, der Wohlfahrtskommission (Protokollbuch über die Sitzungen der städtischen Kollegien zu Münden 1922 - 1930, handschr., S. 140/41, Sitzung vom 11. Juni 1924). R. Leifhold war für das Wohlfahrtsamt der Stadt als Vertreterin des Bürgervorsteherkollegiums zuständig (M. Neumann, 31.10.1977) (Die Akten und Protokollbücher der Stadt Einbeck aus der Weimarer Zeit waren im Stadtarchiv und im Rathaus leider nicht auffindbar.)

234. siehe auch S. 14/15; Thönnessen, a.a.O., S. 7; H. Beyer, a.a.O., S. 67

235. siehe Geschäftsbericht 1925 - 1931

236. Interview 30.11.1977. Die gleiche Aussage traf sie schon gegenüber Eberhard Koch am 21.10.1975

237. Vgl. S. 8 ff.; vgl. dazu auch S. 62 ff.

238. entfällt

239. Interview, 12.10.1977

240. vgl. Dokument 5, S. 116 f

241. Otto Werzeiko war in der Weimarer Republik meist als Montagearbeiter unterwegs. Es soll allerdings in Zeiten seiner Anwesenheit zu Hause zu ziemlichen Auseinandersetzungen wegen Sophies Aktivitäten außerhalb der Familie gekommen sein, was einigen Genossen in Münden auch bekannt war (Andeutungen von Dr. H. Kellner, 10.10.1977 und M. Kaldauke, 13.3.1978).

242. Dr. H. Kellner, 10.10.1977

243. M. Kaldauke, 4.10.1977; A. Jünemann, 31.10.1977

244. M. Neumann war das jüngste der Leifhold'schen Kinder (31.10.1977)

245. vgl. S. 24 ff.

246. Vgl. Thom, a.a.O., S. 116. 142 ff; Koch, a.a.O., S. 257 ff. Zur Sitzung des Mündener Bürgervorsteherkollegiums am 28.3.1933 waren zum ersten Mal die Sozialdemokraten "nicht erschienen" (Notiz der Protokolle). Nach Informationen von H. Heise, 15.2.1977, hatte die SA sich vor das Rathaus postiert und niemand hereingelassen.

247. A. Jünemann, 31.10.1977

248. Vgl. Geschäftsberichte 1925 - 1931

249. A. Jünemann, 30.11.1977

250. Dr. H. Kellner, 10.10.1977
Chr. Seitz wurde nach dem 2. Weltkrieg Nachfolger von S. Werzeiko als Vorsitzende der Arbeiterwohlfahrt Münden

251. M. Kaldauke, 4.10.1977. Bei ihr stand eine der vier Maschinen. Sie wurde 1945 wieder der Arbeiterwohlfahrt übergeben.

252. A. Jünemann, 31.10.1977: Mit Richard Borowski, Sekretär des Unterbezirks Göttingen, fuhr sie etwa im April/Mai nach Hannover zu einer Bezirkstagung der Arbeiterwohlfahrt. Sophie Werzeiko war nicht mehr dabei, da ihr Mann schon in Schutzhaft war und sie deswegen besonders gefährdet erschien (vgl. MN 24.6.1933; Schuhmann, a.a.O., S. 25; Thom, a.a.O., S. 116).

Die Versammlung hatte im Volksheim noch nicht begonnen, da kam der Hinweis, daß eine Durchsuchung durch die SS unmittelbar bevorstehe. Also rannten alle Richtung Gewerkschaftshaus über den Hof in die Büros der Partei, von wo aus man schon das Poltern der SS hörte. Im nächstbesten Saal wurde noch das Geld verteilt und die Versammlung aufgelöst. Alle gingen in verschiedene Richtungen. Jünemann und Borowski verbrachten den Tag im Tiergarten, um keine weitere Aufmerksamkeit zu erregen. Gegen Abend fuhr Jünemann alleine nach Einbeck und Salzderhelden, um das Geld abzuliefern und traf spät noch im Gewerkschaftsheim in Göttingen einen Genossen, der Geld entgegennahm. Sie übernahm dabei Gelder der Unterbezirk-Kasse für die kleinen Ortsvereine in der Umgebung Einbecks. Die Bedienung machte sofort auf das bald drohende Erscheinen der SS aufmerksam, worauf sie den Raum verließen. Jünemann erreichte gerade noch eine Zugverbindung nach Sudheim, wo sie Geld übergab und bei Genossen übernachtete.

253. Vgl. Wilhelm Schuhmann: Ihr seid den dunklen Weg für uns gegangen ...
Skizzen aus dem Widerstand in Hann. Münden 1933 -1939, Frankfurt/M.,
1973, S. 25, 63 (Liste der Verfolgten Nr. 63); Dr. H. Kellner, 10.10.1977

254. M. Kaldauke, 4.10.1977; A. Jünemann, 31.10.1977; M. Neumann, 31.10.1977

255. Vgl. S. 8 ff.

256. Interview, 7.3.1977

257. Fragt man heute ältere Sozialdemokraten in Münden, so wird bewundernd an
Sophie Werzeikos langjährige Tätigkeit für die SPD erinnert. Das gleiche
gilt in Einbeck für Auguste Jünemann, deren sich die Genossinnen und Genossen gern erinnern. Vgl. S. 60

Werbepostkarte der Arbeiterwohlfahrt aus den 20er Jahren. Textunterschrift: "Die Arbeiterwohlfahrt ist die soziale Selbsthilfe der Arbeiter. Ebert, Reichspräsident" (Quelle: Privatbesitz Marie Kaldauke/Münden)

Nähstube der Arbeiterwohlfahrt
(Quelle: Kalender "Mutter und Kind", hg. von Adele Schreiber-Krieger, 1930, Bun-
desarchiv Koblenz, Nachlaß Schreiber)

Weihnachtsfeier der Arbeiterwohlfahrt in Einbeck, ca. 1926
– mittlere Tischreihe, vorne rechts: Regine Leifhold –
(Quelle: Marianne Neumann/Einbeck)

Arbeiterverein "Thalia", Einbeck 1929
(Quelle: Privatbesitz Auguste Jünemann/Einbeck)

3. Der **Wiederaufbau** der Arbeiterwohlfahrt und der SPD-Frauengruppen in Münden
und Einbeck nach 1945

3.1. Der Aufbau der SPD-Frauenbewegung und der Arbeiterwohlfahrt nach dem II.
Weltkrieg

Der **Wiederaufbau** der SPD-Frauenbewegung

Die SPD stand beim Wiederaufbau der Organisationen der Arbeiterbewegung vor dem
Problem, in einem vom Krieg zerstörten Land sowohl an der Bewältigung der unmittelbaren materiellen Not mitzuarbeiten, als auch im Zuge der Neuordnung an die durch
12 Jahre Nationalsozialismus fast zerstörten Traditionen wieder anzuknüpfen.

Da die Frauen mit zwei Dritteln aller Wahlberechtigten auf den politischen
"Mehrheitsbildungsprozeß" potentiell starken Einfluß nehmen konnten, bemühten sich
alle Parteien um deren Gunst. Für die SPD war es dabei besonders wichtig, eine
Frauenbewegung aufzubauen, die u.a. helfen sollte, das von den Nationalsozialisten neu
belebte reaktionäre Bild der unpolitischen Frau im Bewußtsein der Bevölkerung zu verändern[1].

Herta Gotthelf hatte entscheidenden Anteil am zentralen Wiederaufbau der sozialdemokratischen Frauenbewegung[2]. Sie war vor 1933 Mitarbeiterin der "Genossin" gewesen und übernahm nun deren Redaktion und Herausgabe in Hannover. 1947 erschienen nach langwierigen Verhandlungen mit den Besatzungsmächten die ersten Ausgaben,
deren Umfang allerdings fünf Seiten nicht überschreiten durfte[3].

Die "Genossin" sollte das zentrale Mitteilungs- und Anleitungsblatt für Funktionärinnen
sein. Sie fand aber weniger Verbreitung als vor 1933, im Unterbezirk Göttingen wurde
sie kaum gelesen[4]. Artikel, die sich mit den Ursprüngen der sozialdemokratischen
Frauenbewegung und deren Problemen in der Weimarer Republik befaßten, wurden
zwar häufig veröffentlicht, stellten aber kaum Bezüge zur politischen Situation der
Nachkriegsjahre her. Ab 1.1.1950 erschien die "Genossin" auf "Wunsch der Mehrheit
unserer Funktionär und Funktionärinnen" unter dem Titel "Gleichheit"[5].

1947 fand in Fürth die erste Reichsfrauenkonferenz nach dem Kriege statt, an der 200
Delegierte aus den Westzonen und Berlin teilnahmen[6]. Erich Ollenhauer hielt eine Ansprache über die Frauenpolitik der SPD, in der es heißt:

> "Die Sozialdemokratie ist keine Kirche, und der Sozialismus ist kein weltanschau-
> liches Dogma. Aber wir wollen das Leben der Gesellschaft und des Einzelnen nach
> bestimmten menschlichen und sozialen Grundsätzen ausrichten und sie weit über
> die engere parteipolitische Arbeit hinaus in einer möglichst breiten Schicht von
> Frauen lebendig machen."[7].

Die Fraueninteressen blieben in den Augen der führenden Sozialdemokraten auf die traditionell weiblichen Aspekte wie Schul-, Sozial-, Gesundheits- und Wohnungspolitik reduziert, was sich z.B. in einem Aufruf von K. Schuhmacher an die Frauen, 1949, zeigt:

> "Sie brauchen nur den Menschlichen in sich zu folgen, daß der Frieden, die internationale Zusammenarbeit und das Leben in gegenseitiger Achtung die Ziele sind, die ihrem Wesen als Frau entsprechen. Die Politik der Frauen kann nicht anders als friedlich sein, demokratisch und sozialistisch!"[8].

Die Wiedergründung der Arbeiterwohlfahrt

Die Arbeiterwohlfahrt - von den Besatzungsmächten als unpolitische Organisation angesehen - wurde schon 1945 wieder zugelassen. Lokale Organisationen konstituierten sich, bevor es zur Wiedergründung des zentralen Hauptausschusses kam. Die Anbindung an die Partei war lockerer geworden, was sich organisatorisch darin zeigte, daß die Arbeiterwohlfahrt sich in einigen Regionen als eingetragener Verein (e.V.) gründete. Andererseits war z.B. im Bezirk Hannover die gleichzeitige Betreuung von Arbeiterwohlfahrt und Frauenbewegung zunächst wieder selbstverständlich[9].

Die Arbeiterwohlfahrt versteht sich heute allgemein als Teil der freien Wohlfahrtsverbände, weist jedoch auf ihre sozialistische Tradition hin[10]. Die Zusammenarbeit mit der freien und öffentlichen Wohlfahrt ist heute zur Regel geworden[11].

Robert Görlinger, Oberbürgermeister von Köln, berief für den 3./4. Januar 1946 die vorbereitende Sitzung des Hauptausschusses für Arbeiterwohlfahrt nach Köln ein. Im Mai des Jahres wurde Lotte Lemke, Sekretärin von Marie Juchacz in den 20er Jahren[12], Hauptgeschäftsführerin der Arbeiterwohlfahrt mit Sitz in Hannover. Am 1. Juli 1946 fand die erste Tagung des Hauptausschusses in Köln statt[13]. Mit der Neukonstituierung unabhängig von der SPD, nicht zuletzt eine Folge der Politik der Besatzungsmächte, hatte die Arbeiterwohlfahrt aufgehört, eine sozialdemokratische Unterorganisation zu sein. Ihre Zielgruppe waren nicht mehr allein Arbeiter, sondern alle hilfsbedürftigen Menschen[14].

3.2. Die SPD-Frauenpolitik in Münden und Einbeck 1945 - 1950

Die Phase der Wiedergründung

Die SPD nach 1945

Die Diskussionen, die nach dem Kriege zwischen dem "Büro Dr. Schuhmacher", dem restlichen Emigrationsvorstand in London, aen Stockholmer Emigranten und dem sogenannten Berliner Zentralausschuß[15.] um den Neuaufbau und die Vereinheitlichung der kommunistischen und sozialistischen Parteien geführt wurden, schlugen sich auf die konkrete Arbeit der Ortsvereine Münden und Einbeck nicht nieder[16.]. In beiden Städten wurde 1945 an Traditionen der SPD aus der Weimarer Republik angeknüpft, und zwar deswegen, weil sie ihren Mitgliederstand kontinuierlich erweitern und großen Einfluß auf das gesamte städtische Leben nehmen konnte, so daß die damalige politische Arbeit als erfolgsversprechend angesehen wurde. In Hann. Münden war die Arbeit teilweise in der Zeit des Nationalsozialismus im Untergrund fortgeführt worden. Ernst Dörfler (Führer des Reichsbanners bis 1933) bereitete die Reorganisation der Partei schon in der Illegalität vor.

"Der Wiederaufbau der Partei vollzog sich in jeder Hinsicht nicht öffentlich; dies war offenbar deshalb notwendig, weil der Vertreter der Militärregierung, seit 20 Jahren Kolonialoffizier, eine ausgesprochene Abneigung gegenüber Sozialdemokraten hatte, aber auch weil alles hier in Hann. Münden traditionell - informell - familiär vorgeht."[17.]

Der sogenannte "Werra-Adel", maßgeblich die Familie Kaldauke, bestimmte weiterhin die Politik der SPD bis Anfang der 50er Jahre. Vorsitzender wurde bis 1951 der 1888 geborene Kesselschmied Adolf Kaldauke, der auch Vorsitzender der SPD 1929 - 1933 war.

In Einbeck trafen sich frühere SPD-Mitglieder im Juli 1945 zum ersten Mal wieder im "Rheinischen Hof". Sie waren sich einig,

"an den Traditionen der Weimarer Zeit anzuknüpfen und die Partei nach diesem Vorbild wiederaufzubauen. Ein Zusammengehen mit der KPD wurde von niemandem befürwortet".[19.]

Zuvor war man informell mit Listen an die alten Genossen herangetreten, um einen Überblick über die Bereitschaft zur Mitarbeit zu bekommen[20.]. Die Wiederzulassung der SPD erfolgte etwa im November/Dezember 1945[21.]. Während die SPD in Münden sich schon auf den Wiederaufbau vorbereitet hatte, war dieser in Einbeck "noch nicht sehr weit fortgeschritten", was sich z.B. anhand der Mitgliederzahl zeigen läßt, die noch deutlich hinter der der Weimarer Republik zurücklag[22.]. Zum Teil ging der

Wiederaufbau deswegen so langsam vonstatten, weil einige prominente Sozialdemokraten, darunter Auguste Jünemann, zögerten, noch einmal aktiv zu werden[23].

Der Wiederaufbau der Arbeiterwohlfahrt und der Frauengruppen

Für die Frauengruppen aus der Arbeiterbewegung bot die Wiedergründung von Ortsausschüssen für die Arbeiterwohlfahrt, die schon vor der SPD zugelassen worden war, eine
Möglichkeit, sich zusammenzufinden. Die Unterstützung der freiwilligen Helferinnen
und Helfer war für die Militärregierung dringend notwendig, um die Flüchtlingsströme
im südhannoverschen Raum zu betreuen. In Münden hatten S. Werzeiko und M.
Kaldauke schon im Juli 1945 erste Kontakte zu freiwilligen Helferinnen und Helfern
gesucht[24]. Im November/Dezember 1945 begannen A. Jünemann und G. Eisfeld in
Einbeck mit dem Wiederaufbau der Arbeiterwohlfahrt. Anfänglich waren dort etwa 20
freiwillige Helferinnen und Helfer zusammen[25].
Die Frauengruppen der SPD bildeten sich in beiden Orten aus dem Kreis der Mitarbeiterinnen der Arbeiterwohlfahrt. In Münden wurde Sophie Werzeiko wieder Vorsitzen-
de der Arbeiterwohlfahrt und der Frauengruppe. Sie hatte die längste politische
Erfahrung mit dieser Arbeit, ihr Name war mit der Frauen- und Wohlfahrtspolitik der
SPD in Münden verknüpft[26].
Sophie Werzeiko nahm beide Funktionen bis 1951 wahr und blieb bis zu ihrem Tode
1975 Ehrenvorsitzende der Arbeiterwohlfahrt. - In Einbeck arbeiteten Auguste Jünemann als Vorsitzende der Arbeiterwohlfahrt und Gerda Eisfeld als Vorsitzende der
Frauengruppe bis Anfang der 50er Jahre eng zusammen. Der Name Auguste Jünemann
war später noch engstens mit der Arbeiterwohlfahrt verbunden[27], sie war bis zu
ihrem Tod 1982 Ehrenvorsitzende der Arbeiterwohlfahrt in Einbeck.
Sophie Werzeiko und Auguste Jünemann wurden wieder Vertreterinnen im Bezirksausschuß der Arbeiterwohlfahrt in Hannover, wo sie wie in der Weimarer Republik zusammenarbeiteten[28].

Die Situation der Mitbegründerinnen 1945 und deren Motivation zur politischen Weiter-
arbeit

Für Sophie Werzeiko, die aus der Familie Kaldauke stammte, war es selbstverständlich, sich nach dem 2. Weltkrieg an dem Wiederaufbau der Partei zu beteiligen. Die
achtwöchige Haft und der Tod des jüngsten Sohnes als Soldat 1945 bestärkten sie: In
Münden mußte die politische Arbeit eine andere Qualität erhalten als in den ver-

gangenen 12 Jahren[29]. Für Marie Kaldauke stellte die Wohlfahrtsarbeit eine "will-
kommene Ablenkung von privaten Schicksalsschlägen" dar: Der Sohn war mit 16 Jahren
1944 im Krieg geblieben, ihr Mann Ferdinand galt bis Mai 1946 als vermißt in Ruß-
land. Die Not der anderen wurde ihr wichtiger als die eigenen Ängst[30].

Auguste Jünemann wollte nichts mehr mit Politik zu tun haben[31]: Ihr Glaube an das
Gute im Menschen sei durch die Zeit des Nationalsozialismus zu sehr erschüttert worden. Der Genosse Borowski sei aber bald in ihrem Haus erschienen, um sie für die weitere Mitarbeit zu gewinnen, weil sie in der Weimarer Republik produktive Arbeit im
Rahmen der SPD und der Arbeiterwohlfahrt geleistet habe. Der Grund für ihre weitere
politische Arbeit sei nur der persönliche Zusammenhalt, die Verbindlichkeiten der
Freundschaften und das Solidaritätsgefühl innerhalb der Einbecker Arbeiterbewegung
gewesen, welche ihr in dem unsicheren Klima, verursacht durch den Druck der Besatzungsmächte, Rückhalt gegeben habe. Die Anordnung der Militärregierung seien
nicht so genau genommen, vielmehr den Geboten der Menschlichkeit untergeordnet
worden[32].

Marianne Neumann wurde zusammen mit ihrem Mann Friedrich schon im Juli 1945 -
zunächst auf informellem Wege - wieder Mitglied der Partei, blieb aber nur Beob-
achterin der Ereignisse, da sie bald nach Hannover zog. Erst nach ihrer Rückkehr 1949
arbeitete sie wieder in der Einbecker SPD und Arbeiterwohlfahrt mit[33].

Gerda Eisfeld wohnte ab 1941 in Einbeck und hatte Kontakt zu sozialdemokratischen
Kreisen. Ihr Mann Wilhelm war bis Anfang der 20er Jahre in der Einbecker Arbeiterbewegung aktiv gewesen und hatte Verbindung zu Richard Borowski, der Gerda Eisfeld
mit Auguste Jünemann bekannt machte[34]. Die beiden Frauen waren entscheidend am
Wiederaufbau der Arbeiterwohlfahrt in Einbeck beteiligt[35].

Die Koordinierung der Arbeit der Arbeiterwohlfahrt und der Frauengruppen

Die Orientierung an der Arbeit der Weimarer Republik

Angesichts der Not der Nachkriegsjahre stand die Wohlfahrtsarbeit der freiwilligen
Helferinnen und Helfer im Vordergrund; politische Diskussionen und Vorträge waren
zweitrangig. Grundlage aller Arbeit war weiterhin das gute persönliche Klima unter
den Frauen. Spaziergänge und Ausflüge sorgten für Entspannung von Haushalts- und
Wohlfahrtsarbeit. Kaffeenachmittage zu den Geburtstagen einzelner Frauen wurden für
gemeinsames Handarbeiten genutzt[36]. Die führenden Frauen der Nachkriegszeit bau-
ten auf die Erfahrungen auf, die sie in der politischen Arbeit während der Weimarer
Republik gewonnen hatten[37]. Die Arbeiterwohlfahrt wurde in Münden und Einbeck in

der gleichen Tradition fortgesetzt. Anders als auf den höheren Ebenen der Nachkriegs-Sozialdemokratie orientierten sich politische Diskussionen in den ab 1946 bestehenden Frauengruppen bis Anfang der 50er Jahre noch an den Auseinandersetzungen um die sozialistische Perspektive.

Die Treffen der Gruppen in Münden und Einbeck fanden zunächst weiterhin im wöchentlichen Wechsel (einmal Arbeiterwohlfahrt, einmal Frauengruppe) statt. Der organisatorische Zusammenhalt blieb sehr eng. S. Werzeiko war Vorsitzende der Arbeiterwohlfahrt und der Frauengruppe in Münden, in Einbeck arbeiteten A. Jünemann für die Arbeiterwohlfahrt und G. Eisfeld für die Frauengruppe zusammen. Die Einflußnahme von Frauengruppe und Arbeiterwohlfahrt auf das öffentliche Leben in Münden und Einbeck entsprach allerdings nicht mehr der der Weimarer Republik. Agitationsformen und Inhalte, die den Erfahrungen der Arbeiterbewegung entnommen waren, bestimmten - unter dem Druck der Zeitumstände - weit weniger die politische Arbeit.

Anfang der 50er Jahre vollzog sich durch den Beitritt jüngerer Genossinnen und Genossen nach und nach eine organisatorische und personelle Trennung von Frauengruppe und Arbeiterwohlfahrt. Die Verbindung der Arbeiterwohlfahrt mit der örtlichen SPD löste sich, wie es sich schon in der Neugründung des Hauptausschusses 1946 angekündigt hatte[38].

Die Wohlfahrtsarbeit

Die Flüchtlingsbetreuung stellte den Schwerpunkt der Wohlfahrtsarbeit dar. Das Grenzgebiet zur Sowjetisch Besetzten Zone (SBZ) war Durchgangsgebiet für viele Ostflüchtlinge. Betreuung, Ernährung, Pflege und Transport wurden von den örtlichen Wohlfahrtsverbänden gemeinsam organisiert. Die Helferinnen und Helfer wurden in Tages- und Nachtschichten eingeteilt, um die anstehende Arbeit zu bewältigen[39].

In den örtlichen Turnhallen und einigen Hotels wurden Strohlager eingerichtet, wo die Ankömmlinge zunächst ausruhen konnten[40]. Die Arbeiterwohlfahrt und die anderen Wohlfahrtsorganisationen sorgten für Essen und die nötige Hygiene, was angesichts drohender Infektionen wichtig war. Die Helferinnen kochten am eigenen Herd Eintopf für die Flüchtlinge und wuschen selbst die Laken und Tücher[41]. Für die Einkleidung sorgten Spenden der örtlichen Geschäftsleute, später Altkleidersammlungen und die Nähkurse der Arbeiterwohlfahrt.

Ein besonderes Problem stellte die Eingliederung der Flüchtlingsfamilien dar, die in Münden oder Einbeck bleiben wollten. Die Stadt und das Wohlfahrtsamt beschlagnahmten Wohnzimmer und andere wenig benutzte Wohnräume zur Unterbringung der Heimatlosen. Von der Arbeiterwohlfahrt und anderen Wohlfahrtsorganisationen wurden

Matratzen und Möbel zur Verfügung gestellt[42]. In Münden verwirklichte S. Werzeiko ein Projekt, das sie schon gegen Ende der Weimarer Republik geplant hatte: Die Eröffnung eines Kindergartens der Arbeiterwohlfahrt. Bisher hatte es in Münden nur konfessionelle Kindergärten gegeben, in denen die Arbeiterkinder sich dem bürgerlichen Erziehungsstil anpassen mußten; nun sollte sich der Kindergarten an ihren Bedürfnissen orientieren[43]. Er wurde 1946 im Jugendheim der Falken unter der Leitung einer sozialdemokratischen Kindergärtnerin eröffnet[44].

Große Sorgfalt verwandte die Arbeiterwohlfahrt in Münden und Einbeck wie in der Weimarer Republik auf die Ferienbetreuung der Arbeiterkinder. Kranke wurden zur Erholung in Heime geschickt und zuvor mit Kleidung und Unterwäsche ausgerüstet[45]. Tagesausflüge in die nähere Umgebung fanden weiterhin Anklang. Die Einbecker schickten die jüngeren Kinder zu den Teichen und die älteren für längere Aufenthalte nach Silberborn[46].

Aus den USA kamen die sogenannten CARE-Pakete mit Mais, Mehl, Käse, Zucker, Graupen, Butter und Milchpulver, die von den Helferinnen der Arbeiterwohlfahrt in Portionen geteilt und an bedürftige Familien verteilt wurden[47].

Durch Altkleidersammlungen und Nähkurse verfügte die Arbeiterwohlfahrt über eine Menge von Kleidungsstücken, mit denen sie Flüchtlingsfamilien neu einkleiden und armen Familien Weihnachtspakete packen konnte[48]. In beiden Städten wurden Beratungs- und Betreuungsstellen eingerichtet, die noch heute, 1982, geöffnet sind[49].

Daneben war die Altenbetreuung ein wichtiges Betätigungsfeld der Arbeiterwohlfahrt. Noch heute arbeiten M. Kaldauke, M. Neumann und I. Bünger in diesem Bereich.

Die Gelder der Arbeiterwohlfahrt kamen durch Spenden von Privatleuten und Sammlungen zusammen, durch Unterstützung und Zuwendungen der Stadt, die auf besonderen Antrag bewilligt wurden. Die Arbeiterwohlfahrt war gegenüber anderen Wohlfahrtsorganisationen finanziell benachteiligt, da infolge des Verbotes 1933 "gleichzeitig das ganze Vermögen nebst Inventar verloren ging"[50].

Die Aktivitäten der Frauengruppen

Die Frauengruppen in Münden und Einbeck, deren Mitglieder im wesentlichen die Helferinnen der Arbeiterwohlfahrt waren, arbeiteten - wie schon gesagt - nach dem Vorbild der Weimarer Republik: Gemeinsames Artikellesen, Diskussionen, kleinere Vorträge von informativem oder aufklärerischem Charakter, Gastreferate zu aktuellen Themen etc.[51].

Referentenmaterial und Anleitungen aus der "Genossin" betrafen die Themen: 1. Religion und katholische Kirche, 2. Preis-Politik, 3. Wohnungsfragen, 4. Bonn - Kampf um die Gleichberechtigung, 5. Bonn - Kampf um das Recht des unehelichen Kindes, 6. Sozialpolitik, 7. Flüchtlingsfragen, 8. Schule, 9. Abtreibung[52].

Den Frauen in Münden fiel auf, daß die Traditionen der Arbeiterbewegung und die Perspektiven des Sozialismus in der politischen Diskussion kaum mehr eine Rolle spielten. So wurde mehrfach versucht, gerade in Diskussionen mit älteren Genossinnen Informationen darüber weiterzugeben[53]. - In Einbeck kamen die meisten Mitglieder der Frauengruppe noch aus alten sozialdemokratischen Familien, sodaß sie die Ursprünge der Arbeiterbewegung und der SPD aus den Erzählungen der Eltern kannten[54]. Zur Koordinierung der Arbeit und zum Erfahrungsaustausch trafen sich die Frauen zu verschiedenen Tagungen. 1946 gab es bei diesen Gelegenheiten große Wiedersehensfeste mit den Freunden und Bekannten aus der Weimarer Republik[55].

Ein besonderes Zusammengehörigkeitsgefühl verband die Frauengruppen im Randgebiet der SBZ: Sie trafen sich zu jährlichen "Grenzlandtreffen der Frauengruppen". Mitte der 50er Jahre wurden die Treffen abgesetzt, "um nicht das politische Klima zu vergiften"[56]. An der Veranstaltung solcher Tagungen war die Frauensekretärin beteiligt, die seit 1947 beim Bezirk Hannover fest angestellt war[57]. Nicht zuletzt deswegen, weil sie sich hauptamtlich um die Frauenbewegung kümmern konnte, nahm diese - gemessen an den Aktivitäten in anderen Bezirken - neben dem Bezirk Westliches Westfalen einen Aufschwung, so daß die hannoversche Frauenbewegung 1949 als vorbildlich im Jahresbericht hervorgehoben wurde[58]. Dies ist vor allen Dingen deswegen bemerkenswert, weil ländliche Gebiete nach wie vor besondere Anforderungen an die Agitation von Frauen für die SPD stellten. Der "starke klerikale Druck" und die Traditionsgebundenheit erschwerten in einer Zeit, in der die Skepsis gegenüber sozialistischen Vorstellungen sehr groß war, die Arbeit besonders.

Städtische Frauengruppen übernahmen Patenschaft und Betreuung von dörflichen Initiativgruppen. Gesellige Veranstaltungen konnten am ehesten die Zurückhaltung der Frauen gegenüber der SPD zerstreuen[59].

Eine aktive Mitarbeit bei kommunalpolitischen Belangen war durch die Wahl je zweier Mitglieder der Frauengruppen in den Stadtrat gewährleistet: S. Werzeiko konnte auf eine 14-jährige Erfahrung in kommunalen Gremien zurückblicken, M. Kaldauke übernahm als Neuling die Arbeit; A. Jünemann war schon ab 1929 Bürgervorsteherin gewesen, G. Eisfeld kannte die Kommunalpolitik aus Emden, wo sie bis 1933 aktiv in der Frauengruppe, in der Arbeiterwohlfahrt und im Städtischen Wohlfahrtsamt tätig gewesen war. - Über die Berichte aus dem Stadtparlament, besonders über Jugendwohlfahrts-, Wohlfahrts-, Schulangelegenheiten gab es oft heftige Diskussionen[60].

Die **weiblichen** Mitglieder der SPD im Unterbezirk Göttingen

Die Frauenmitgliederbewegung

Die Mitgliederzahl von 1932 konnte nach dem Aufheben des Verbots der SPD nicht gleich wieder erreicht werden. Zunächst wurde nach 1945 zahlenmäßig weniger als die Hälfte der Parteimitglieder registriert. Im Unterbezirk Göttingen gab es 1932 1.068 weibliche Mitglieder, am 1.3.1946 nur noch 569;

Schaubild 8: Weibliche Mitglieder der SPD im Ortsverein und Kreisverein Münden im Vergleich

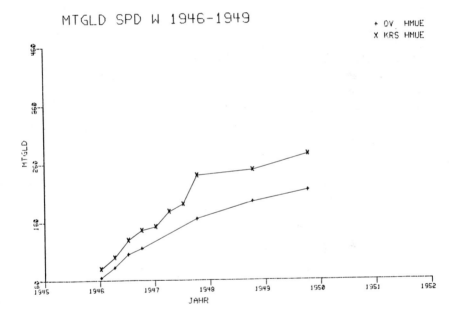

im Ortsverein Münden wurden 1932 126 Frauen als Mitglieder geführt, am 1.3.1946 62;
im Kreisverein waren 1932 169 Genossinnen eingeschrieben, am 1.3.1946 78;

Schaubild 9: Weibliche Mitglieder der SPD im Ortsverein und Kreisverein Einbeck im
Vergleich

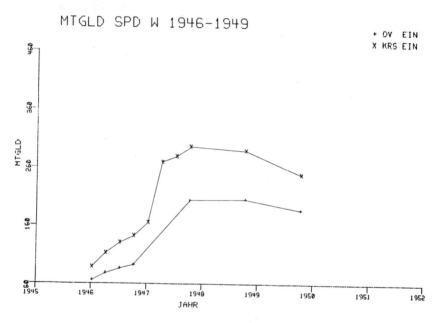

im Ortsverein Einbeck waren 1932 194 weibliche Mitglieder, am 1.3.1946 nur noch 64
verzeichnet; im Kreisverein war die Zahl von 217 1932 aus 86 geschrumpft (vgl. Tab. 1
und 6)

Im Vergleich zu den Männern in der SPD war der Frauenanteil zunächst stark zurückgegangen (vgl. Tab. 2 und 7), stieg aber mit Schwankungen (Ausnahme Ortsverein Münden und Unterbezirk Göttingen insgesamt) bis Ende 1949 an.

Schaubild 10: Der Frauenanteil in der Gesamtmitgliederschaft der SPD im Unterbezirk Göttingen

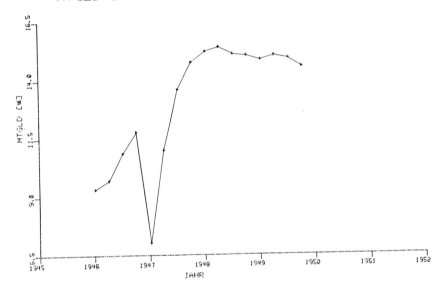

Im Unterbezirk erreichte er bis Ende 1949 noch nicht den Anteil aus der Weimarer Republik (20,8% 1932 und 15% 1949).

Schaubild 11: Der Frauenanteil in der Gesamtmitgliederschaft der SPD im Ortsverein und Kreisverein Münden im Vergleich

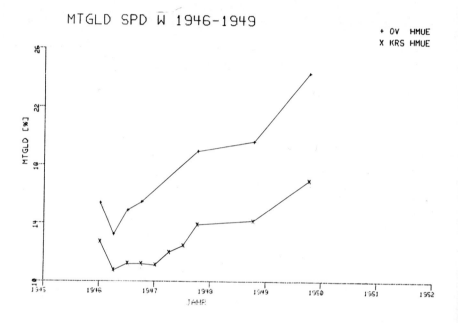

MTGLD SPD W 1946-1949

+ OV HMUE
X KRS HMUE

Im Ortsverein Münden stieg der Anteil von 15,27% am 1.3.1946 auf 24% 1949 (im Vergleich 1932: 19,3%), während sich im Kreisverein statistisch fast nichts veränderte.

Schaubild 12: Der Frauenanteil in der Gesamtmitgliedschaft der SPD im Ortsverein
und Kreisverein Einbeck im Vergleich

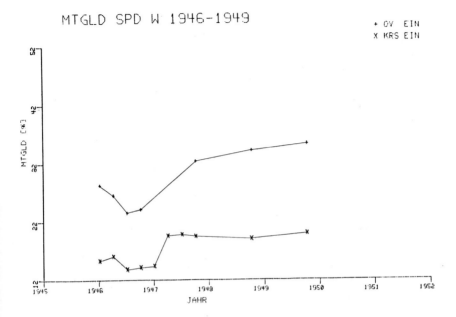

Im Ortsverein Einbeck, wo weiterhin prozentual der Frauenanteil am höchsten war,
blieb er hinter dem der Weimarer Republik ebenfalls zurück (1932: 40%, 1.3.1946:
28,07%, 31.12.1949: 35,2%). Die Entwicklung verlief im Kreisverein ähnlich (1932:
27,4%, 1.3.1946: 15,08% und am 31.12.1949: 19,7%) (vgl. Tab. 1 und 7).
Im Durchschnitt waren am 31.12.1946 in den Westzonen 15,4% der SPD-Mitglieder
Frauen. Der Bezirk Hannover lag mit 14,3% etwas darunter[61]. Bis zum 31.12.1949
erreichte der prozentuale Frauenanteil an der Mitgliedschaft in der Bundesrepublik
Deutschland 18,88%[62].

Betrachtet man die absoluten Zahlen für den Unterbezirk Göttingen (Tab. 1 und 6), so ist ein deutlicher Zuwachs im Vergleich zur Weimarer Republik bis 1949 zu verzeichnen. Es fällt dabei auf, daß zunächst 1948/1949 die Gesamtmitgliedschaft wieder abnahm.

Schaubild 13: Weibliche Mitglieder der SPD im Unterbezirk Göttingen

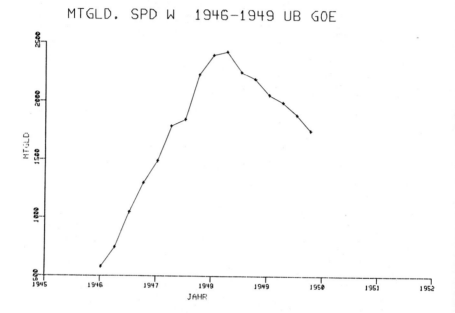

Diese Entwicklung ist eine Tendenz, die sich in allen Westzonen nach der Währungsreform feststellen läßt: Am 30.6.1948 waren noch 19,12% der SPD-Mitglieder Frauen.

6. Wiederaufbauphase nach 1945

Herta Gotthelf - in den 20er Jahren Sekretärin von Marie Juchacz für die SPD-Frauenbewegung, nach 1945 Leiterin der SPD-Frauen - und Lotte Lemke - seit 1929 Sekretärin von Marie Juchacz für Hauptausschuß für Arbeiterwohlfahrt, nach 1945 Vorsitzende der Arbeiterwohlfahrt - auf dem Internationalen Frauentag 1950 (Quelle: Jahrbuch der SPD 1950/1951, S. 203)

Der öffentliche Kläger
bei dem Entnazifizierungs-Hauptausschuß
des Kreises Hann. Münden

Hann. Münden, den 23. August 1948

Az.: V. E 23/48

Einstellungsbescheid

Das Entnazifizierungsverfahren gegen K a l d a u k e, Marie wohnhaft: Hann.Münden, Pionierstr.8 geb. am 19. September 1903 in Hann.Münden

habe ich eingestellt, weil die vorgenannte Person vom Entnazifizierungs-recht nicht betroffen ist.

Der öffentliche Kläger

Entnazifizierungsbescheid für Marie Kaldauke
(Quelle: Privatbesitz Marie Kaldauke/Münden)

Erster Hauptausschuß im Rat der Stadt Münden nach dem Kriege
– ganz links sitzend: Marie Kaldauke –
(Quelle: Privatbesitz Marie Kaldauke/Münden)

In absoluten Zahlen gesehen waren Ende 1949 fast 35.000 Frauen weniger in der SPD als Mitte 1948 (30.6.1948: 172.000 Frauen, 31.12.1949: 139.869 Frauen)[63].

Von Seiten der SPD wurden in den Jahresberichten zwei Gründe aufgeführt: einmal die Doppelbelastung durch zwei oder mehr Beiträge in Flüchtlingsfamilien und in Familien von Rentnern und Arbeitslosen, zum anderen die Doppelbelastung für Frauen, die gleichzeitig in der SPD und der Arbeiterwohlfahrt Mitglied waren und sich nun, da die Arbeiterwohlfahrt auch Beiträge forderte, für die Mitarbeit in der Arbeiterwohlfahrt entschieden[64].

Die Sozialstruktur der weiblichen Mitglieder im Unterbezirk Göttingen 1947

In einem Bezirk mit 38,89% zugereisten Mitgliedern (vgl. Tab. 8, IV) kann in Relation zu dem enormen Mitgliederzuwachs innerhalb von 4 Jahren (vgl. Tab. 7) von einer grundlegenden Umstrukturierung der Mitgliedschaft gesprochen werden. Die Genossinnen und Genossen aus der Weimarer Republik waren zwar in den meisten Orten aktiv am Wiederaufbau der Partei beteiligt, stellten aber zahlenmäßig die kleinste Gruppe der Mitglieder dar (vgl. Tab. 8, II über die Länge der Parteizugehörigkeit bei Frauen und Männern).

Bei den Frauen war die Mehrheit zwischen 31 und 40 Jahre alt (vgl. Tab 8, II). Die führenden Frauen des Wiederaufbaus in Münden und Einbeck waren dagegen zum größten Teil schon älter (S. Werzeiko geb. 1891, M. Kaldauke geb. 1903, A. Jünemann geb. 1899, M. Neumann geb. 1911, G. Eisfeld geb. 1909).

Die durchschnittliche altersmäßige Zusammensetzung war - für das Jahr 1949 - in allen Bezirken der Bundesrepublik Deutschland insgesamt sehr verschieden im Vergleich zum Bezirk Hannover. Demnach verteilten sich die weiblichen Mitglieder: 12% auf das Alter zwischen 20 und 30 Jahren, 20% zwischen 30 und 40 Jahren, 31% zwischen 40 und 50 Jahren und 37% über 50 Jahre[65].

Die meisten weiblichen Mitglieder der SPD im Unterbezirk Göttingen waren Hausfrauen: 1.781 von 2.203 (80,84%). Nur 9,35% Arbeiterinnen waren vertreten, 6,03% der Frauen verdienten als Angestellte ihren Lebensunterhalt (vgl. Tab. 8, I).

In der Bundesrepublik insgesamt waren 50% der weiblichen SPD-Mitglieder Hausfrauen, 25% Fabrikarbeiterinnen, 15% Angestellte, 5% Beamtinnen und 5% Freiberufliche[65].

Die Frauenbewegung im Unterbezirk Göttingen wurde von Frauen getragen, die schon als Erwachsene die Zeit des Nationalsozialismus miterlebt hatten und als Hausfrau keinem anderen Beruf nachgingen.

Allerdings waren 82,91% erst höchstens drei Jahre lang Mitglied in der SPD: ihnen war die Politik der örtlichen SPD vor 1933 aus eigener Anschauung nicht bekannt. Hier

liegt möglicherweise eine Erklärung für das Phänomen des sogenannten "Generations-
wechsels" Anfang der 50er Jahre: Nachdem sich die leitenden Frauen aus der Weimarer Republik und der Wiederaufbauphase zurückgezogen hatten, kam es zu einer Veränderung von Aufbau und Struktur der Arbeit in den lokalen Organisationen der
Frauenbewegung und der SPD. Auch hier war dann nicht mehr die Erringung der
sozialistischen Gesellschaft oberstes Ziel, sondern Ausbau und Erhaltung der Demokratie. Die Verbindung von Frauenbewegung und Arbeiterwohlfahrt wurde aufgelöst.

Frauen und Ämter

Frauen in öffentlichen Ämtern

In Münden und Einbeck waren in der SPD-Fraktion nach dem 2. Weltkrieg je zwei
Frauen vertreten: In Münden wurden im September 1946 Sophie Werzeiko und im Juni
1947 Marie Kaldauke, in Einbeck im Januar 1946 Auguste Jünemann und im Oktober
1946 Gerda Eisfeld[66.] zu Ratsherrinnen[67.] ernannt. - Diese vier Frauen waren bis
Mitte/Ende der 60er Jahre Vertreterinnen der SPD im jeweiligen Stadtrat. Sie waren
aus der Weimarer Republik bekannte, aktive Frauen, hatten sich in der Wiederaufbauphase verdient gemacht und waren als Sozialpolitikerinnen anerkannt: Nach der Aufstellung der "Ämter der Frauen in den Gemeindeverwaltungen"[68.] arbeiteten sie überwiegend im Wohlfahrts-, Sozial-, Schul-, Flüchtlings- und Krankenhausausschuß. Sie ak-
zeptierten diese Präferenzen, denn Vorbildung und Informationsstand qualifizieten sie
für diese Arbeit. In die Bereiche Verwaltung, Finanzen etc. dagegen hätten sie sich
erst lange einarbeiten müssen. Andererseits wurde ihnen in diesen Bereichen von den
Kollegen und Genossen auch weniger zugetraut[69.].
Eine Ausnahme dürfte Auguste Jünemann gewesen sein. Sie war zunächst von der englischen Militärregierung zur stellvertretenden Bürgermeisterin ernannt worden[70.],
übernahm dieses Amt von Dezember 1948 bis Januar 1950 erneut. Von November 1959
bis März 1961 und vom 1.10.1964 bis 25.10.1968 war sie Einbecks erste Bürgermeisterin. Danach zog sie sich aus Altersgründen aus der aktiven politischen Arbeit zurück.
Sophie Werzeiko beendete ihre Zeit als Ratsherrin der Stadt Münden am 26.9.1964.
Beim Abschied wurde sie Ehrenbürgerin der Stadt Münden[71.]. - Gerda Eisfeld trat zusammen mit Auguste Jünemann aus dem Rat der Stadt Einbeck zurück[72.]. - Marie
Kaldauke vertrat die SPD - zeitweise als einzige Frau - bis 1972 im Rat der Stadt
Münden.

Persönliche Probleme als Kommunalpolitikerinnen

M. Kaldauke und G. Eisfeld berichteten, daß es einer langen Zeit bedurft hätte, bis sie das Gefühl einer vollen Anerkennung ihrer Arbeit und Fähigkeiten im Rat bei Kollegen und Genossen gehabt hätten.

Zusammenarbeit und Absprachen zwischen S. Werzeiko und M. Kaldauke, anfangs zwischen A. Jünemann und G. Eisfeld, seien deswegen wichtig gewesen[73]. In der Arbeit des Stadtrates bedurfte es zudem der Absprachen mit anderen Parteien und Verbänden, wobei teilweise unterschiedliche Interessen gegeneinander standen. In solchen Situationen empfand M. Kaldauke öffentliches Reden als besonders schwierig, weil sie jedes Wort genau abwägen mußte[74]. Frau Kaldauke und Frau Eisfeld berichteten, daß sich die über 20-jährige Erfahrung im Umgang mit anderen Ratsherren und Organisationen positiv auf ihr Selbstvertrauen und das Einschätzen des eigenen Durchsetzungsvermögens ausgewirkt habe[75].

A. Jünemann kann sich - wie schon gesagt - an keine gravierenden Probleme in der Ratsarbeit oder der Aufstellung von Frauen auf Wahllisten erinnern. Sie habe viele Fertigkeiten, die ihr dabei zugute kamen, durch die politische Arbeit in der Weimarer Republik erworben und teilweise auf Schulungen für Stadträte, die in den 40er Jahren von der Militärregierung veranstaltet wurden. Diese war darum bemüht, die kommunalpolitische Arbeit nach ihren Vorstellungen auszurichten[76]. Im Hahnenklee z.B. nahmen A. Jünemann und G. Eisfeld 1946 an einer Tagung teil, auf der sie zusammenarbeiteten. Auf einem langen Spaziergang bereiteten sie gemeinsam ein Referat vor, das A. Jünemann anschließend hielt. Der leitende englische Offizier war so beeindruckt, daß er A. Jünemann zur Teilnahme an einem sechswöchigen Kurs für deutsche und englische Kommunalpolitiker in London einlud[77]. A. Jünemann lebte in einer Familie, die lange schon in der Labour-Party aktiv war und lernte besonders ein anderes, das englische, Demokratieverständnis kennen.

Auch hier war es leider nicht möglich, mehr Eindrücke und Informationen der betroffenen Frauen zu sammeln.

3.3. Schlußbemerkungen

Der Versuch, die Ansätze der sozialdemokratischen Bewegung aus der Weimarer Republik nach 1945 wieder aufzunehmen, blieb unvollendet.

Die Struktur der Diskussionen und der Arbeit in der Arbeiterwohlfahrt und in den Frauengruppen veränderte sich Anfang der 50er Jahre völlig. Als Wende kann der Zeitpunkt angesetzt werden,

- zu dem sich S. Werzeiko in Münden aus den leitenden Positionen in Arbeiterwohlfahrt und Frauengruppe zurückzog, da sie sonst angesichts ihrer Tätigkeit als Stadt-
parlamentarierin überfordert gewesen wäre,

- als in Einbeck A. Jünemann die Hauptarbeit in der Arbeiterwohlfahrt der 2. Vorsitzenden überließ, da sie im Stadtrat zu viele Aufgaben hatte[78]., und G. Eisfeld als
Vorsitzende der Frauengruppe aus dem gleichen Grunde zurücktrat.

Das Beispiel der politischen Arbeit der Weimarer Republik verblaßte. Es mag auch
daran gelegen haben, daß die Frauen ihre Erfahrungen den jüngeren Genossinnen nicht
genügend vermitteln konnten. Die meisten Mitglieder kannten die erfolgreiche Arbeit
der Sozialdemokraten nicht mehr aus eigener Erfahrung. Es setzte sich in den beiden
Kleinstädten die Strategie der sozialdemokratischen Frauenbewegung durch, wie sie
nach dem 2. Weltkrieg entwickelt wurde. Unter der Prämisse, am Wiederaufbau
Deutschlands aktiv mitzuarbeiten, orientierten sich die Frauen an sozialpolitischen
Vorstellungen. - Die Mitarbeiterinnen (und Mitarbeiter) der Arbeiterwohlfahrt fühlten
sich nicht mehr direkt mit der SPD und schon gar nicht mehr mit der Frauenbewegung
verbunden[79].

Anmerkungen

1. Dr. K. Schuhmacher. Grundsätze sozialistischer Politik. Rede auf dem 1.
   Nachkriegsparteitag der SPD am 9.5.1946 in Hannover, S. 39; Ders., Aufruf
   an die Frauen, in: Genossin Nr. 3/1949, S. 65: Hier gibt er der "Fremdheit
   der Frauen gegenüber der Politik" die Schuld, daß Deutschland 1933 ins
   Verderben geraten sei. - So argumentierte E. Ollenhauer. Die SPD und die
   Frauen, Referat auf der 1. Reichsfrauenkonferenz 26./27. Juni 1947 in
   Fürth, Hannover, o.J., S. 2: "Der Kampf für die Gewinnung der deutschen
   Frauen für die politischen Ziele des demokratischen Sozialismus ist für
   die SPD keine propagandistische Angelegenheit, sondern eine Aufgabe von
   höchster politischer Bedeutsamkeit. Von der politischen Einsicht der Frau-
   en hängt die Zukunft Deutschlands und der Frauen ab."

2. siehe auch Photo Nr. 23: H. Gotthelf war 1934 nach England emigriert. Am
   1. Parteitag in Hannover (Wennigsen) 1946 nahm sie auf Einladung des
   "Büros Dr. Schuhmacher" als Auslandsgast teil. Den Auftrag, das Frauenbüro
   beim Parteivorstand zu leiten, übernahm sie am 17. Juli 1946 (Jahrbuch der
   SPD 1946, S. 30 - zit. als: Jb.-)

3. vgl. Jb. 1946, S. 32 - H. Gotthelfs Kampf galt vor allem der Erhaltung der
   Demokratie: Die SPD müsse einen Wall gegen den Totalitarismus des Ostens
   bilden. "Wir wissen, daß unsere Partei in diesem Kampf allein steht, denn
   man kann nur überzeugend für die Demokratie kämpfen, wenn man zu gleicher
   Zeit auch für den sozialen Fortschritt, für den Sozialismus kämpft." (Genossin, Nr. 2/1948, S. 13)

4. A. Jünemann, 31.10.1977; M. Kaldauke, 4.10.1977

5. Jb. 1950/51, S. 199

6. Genossin, 1947, Nr. 9/10, S. 9

7. E. Ollenhauer, Rede an die deutschen Frauen, 1947, Hannover, o.J., S. 12

8. Genossin, Nr. 3/1949, S. 63

9. Jb. 1946, S. 30

10. G.S. 30 Jahre Arbeiterwohlfahrt, in: Genossin, Nr. 11/1949, S. 342; aus den "Richtlinien der Arbeiterwohlfahrt, beschlossen auf der Reichskonferenz am 19. September 1959 in Wiesbaden", Bonn 1959, S. 3: "Die Arbeiterwohlfahrt beruht auf den humanitären und ethischen Grundlagen des freiheitlichen und demokratischen Sozialismus. Sie ist politisch unabhängig. Ihre Arbeit wird getragen von dem Gedanken der Toleranz und dient den rat- und hilfesuchenden Angehörigen aller Bevölkerungsschichten ohne Rücksicht auf deren politische oder konfessionelle Zugehörigkeit."

11. Jahrbuch der Arbeiterwohlfahrt der Stadt Berlin e.V., Berlin 1950; vgl. auch G.S., a.a.O., S. 341/2, A. Monat, a.a.O., S. 54

12. siehe Photo Nr. 23

13. L. Lemke. 50 Jahre Arbeiterwohlfahrt, Berlin 1969, S. 160/1

14. Vgl. Jahrbuch der Arbeiterwohlfahrt, a.a.O.; Diese Entwicklung schlug sich allerdings auf die praktische Arbeit in Münden und Einbeck erst Anfang der 50er Jahre nieder. - M. Juchacz, gerade nach Deutschland zurückgekehrt, versuchte dagegen im Rahmen der 30-Jahr-Feier der Arbeiterwohlfahrt, auf die ursprüngliche Tradition der Arbeiterwohlfahrt als Glied der Arbeiterbewegung zu verweisen. (Genossin, Nr. 11/1949, S. 343) - Akte Arbeiterwohlfahrt Bd. I, Abt. VII der Stadt Münden: Aufruf zur Straßen- und Haussammlung vom 7. - 15.3.1953: "Es gilt, gemeinsam zu helfen, ohne Rücksicht auf Partei, Konfession oder Weltanschauung." - M. Kaldauke, 12.10.1977 und M. Neumann, 30.10.1977 bedauerten diese Entwicklung nach 1945: Dadurch sei das Bewußtsein vieler Helferinnen und Helfer, sich als Teil einer Arbeiterbewegung zu fühlen, abhanden gekommen

15. Das "Büro Dr. Schuhmacher" war die getarnte Zentrale der westdeutschen SPD in Hannover. In London befanden sich u.a. noch E. Ollenhauer und W. Eichler. In Stockholm hatte sich ab 1944 die SAP-Gruppe um W. Brandt wieder den dortigen Sozialdemokraten angeschlossen. Das Einflußgebiet des Berliner Zentralausschusses bewegte sich um die sowjetische Besatzungszone (Führer Grotewohl und Fechner). Vgl. auch H. Grebing, Geschichte der deutschen Arbeiterbewegung, München 1981, S. 235

16. Thom, a.a.O., S. 146 ff. und Koch, a.a.O., S. 266 f; dagegen: Albrecht Kaden. Einheit oder Freiheit. Die Wiedergründung der SPD 1945/46, Hannover 1964; Wolfgang Abendroth. Aufstieg und Krise der deutschen Sozialdemokratie, Frankfurt/M., 1969/2, S. 71 ff

17. Helga Grebing, 1977, a.a.O., S. 180; vgl. auch S. 22 ff

18. Thom, a.a.O., S. 182 ff.

19. Koch, a.a.O., S. 266

20. M. Neumann, 31.10.1977; G. Eisfeld, 8.12.1977

21. aus dem Nachlaß von Felix Kraft, dort: Bericht über die in den Monaten Oktober, November, Dezember 1945 geleistete Arbeit (Archiv der sozialen Demokratie/ FES Bonn)

22. Koch, a.a.O., S. 267; vgl. auch Tabelle 6

23. A. Jünemann, 31.10.1977

24. M. Kaldauke, 4.10.1977

25. vgl. Photo Nr. 26; A. Jünemann, 30.11.1977; G. Eisfeld, 8.12.1977

26. Dr. H. Kellner, 10.10.1977; M. Kaldauke, 4.10.1977; Akte Arbeiterwohl-

fahrt, Bd. 1, Abt. VII der Stadt Münden; Akte XIX, 1, 2, der Stadt Münden

27. G. Eisfeld, 8.12.1977, 7.3.1978; M. Neumann, 31.10.1977; A. Jünemann, 30. 11.1977; Die Verdienste A. Jünemanns um Aufbau und Arbeit der Arbeiterwohlfahrt waren in der Einbecker Bevölkerung sehr bekannt. Sie wurden in den Wahlkampfprogrammen der SPD für Kommunalwahlen 1961 und 1964 (wo sie Spitzenkandidatin war) ausdrücklich erwähnt. Die SPD wurde 1961 zwar nicht stärkste Partei im Rathaus, A. Jünemann jedoch als Einzelkandidatin erhielt mit Abstand die meisten Stimmen. - vgl. auch Sozialprisma. Monatsschrift der Arbeiterwohlfahrt 19 (1974) Nr. 4/II (Das Portrait des Monats: Auguste Jünemann)

28. A. Jünemann, 31.10.1977

29. so Dr. H. Kellner, 10.10.1977; M. Kaldauke, 12.10.1977

30. M. Kaldauke, 12.10.1977

31. Nach ihren Aussagen hatte man ihr gleich nach Kriegsende ein Verhältnis mit dem englischen Offizier nachgesagt, weil sie von ihm Lebensmittelgutscheine für Arme bekommen hatte. Sie hatte lange dafür verhandelt, und nur weil dies vorher niemand erreicht hatte, neidete man ihr den Erfolg und setzte ein solches Gerücht in Umlauf (30.11.1977)

32. A. Jünemann, 31.10.1977, 30.11.1977 und 7.3.1978

33. M. Neumann, 31.10.1977 und 7.3.1978

34. G. Eisfeld, 8.12.1977 und 7.3.1978

35. G. Eisfeld, 8.12.1977; A. Jünemann, 30.11.1977

36. M. Kaldauke, 12.10.1977; M. Neumann, 30.11.1977; siehe auch Photo Nr. 29. Die Verfasserin war selbst einmal zu einem solchen Treffen der ehemaligen Frauengruppe Einbeck eingeladen, wo die Frauen noch heute über Politik, die gemeinsame Arbeit, die Familiensituation diskutieren. (30.11.1977 in Einbeck)

37. so M. Kaldauke, 12.10.1977; A. Jünemann, 30.11.1977; Treffen der ehemaligen Frauengruppe Einbeck, 30.11.1977: Die folgenden Informationen kamen aus denselben Gesprächen.

38. Vgl. S. 76 ff.

39. M. Kaldauke, 12.10.1977; A. Jünemann, 30.11.1977

40. Akte Arbeiterwohlfahrt der Stadt Münden, Abt. VII: Beschluß der Kommission für Wohlfahrt und öffentliche Fürsorge vom 19.8.1946 über die Unterbringung und Versorgung mit elektrischem Strom im Hotel Jung; A. Jünemann, 30.11.1977; Konzept einer Wahlrede von Marie Kaldauke, 1948, S. 1/2

41. M. Kaldauke, 12.10.1977; M. Neumann, 31.10.1977

42. Kassenbuch der Arbeiterwohlfahrt Münden 1947, S. 2 (Ausgaben); Akte Arbeiterwohlfahrt der Stadt Münden, Abt. VII, 1946; M. Riemenschneider und I. Bünger, 22.11.1977; A. Jünemann, 30.11.1977; Konzept einer Wahlrede von Marie Kaldauke 1948, S. 2

43. M. Kaldauke, 12.10.1977; Dr. H. Kellner, 10.10.1977

44. M. Kaldauke, 12.10.1977; Belege im Kassenbuch der Arbeiterwohlfahrt Münden 1947: Gehalt für die Kindergärtnerin und eine Helferin, Spende über DM 100,- von einem Arzt, dessen Kinder im Arbeiterwohlfahrt-Kindergarten waren.

45. Kassenbuch der Arbeiterwohlfahrt 1947, S. 2; Akte Arbeiterwohlfahrt der Stadt Münden, Abt. VII: Brief von S. Werzeiko vom 22.11.1946, Spendenantrag vom 1.3.1953; A. Jünemann, 30.11.1977

46. In Silberborn waren ursprünglich Baracken eines Arbeitslagers aus der Hitlerzeit, die Anfang der 50er Jahre umgebaut wurden zu einer Erholungsstätte der Arbeiterwohlfahrt und einem Landschulheim. A. Jünemann, 30.11.1977; M. Riemenschneider betreute an den Teichen und I. Bünger mit A. Jünemann ab 1949 auf Silberborn (22.11.1977)

47. M. Neumann, 31.10.1977; M. Kaldauke, 12.10.1977

48. M. Neumann, 31.10.1977; M. Riemenschneider und I. Bünger, 22.11.1977; M. Kaldauke, 12.10.1977

49. Information von Karl Dimmel, Vorsitzender der Arbeiterwohlfahrt Münden und Käte Wedekind, Vorsitzende der Arbeiterwohlfahrt Einbeck (1978)

50. Brief von S. Werzeiko an die Stadtverwaltung vom 25.5.1946 mit der Bitte um finanzielle Unterstützung u.a., aus: Akte Arbeiterwohlfahrt der Stadt Münden, Abt. VII; M. Neumann, 31.10.77; Treffen der ehemaligen Frauengruppe Einbeck, 30.11.77; vgl. auch Monat, A.: Sozialdemokratie und Wohlfahrtspflege. Stuttgart 1961, S. 71

51. M. Kaldauke, 12.10.1977, 13.3.1978; M. Riemenschneider/I. Bünger, 22.11.1977; M. Neumann, 31.10.1977, 7.3.1978; A. Jünemann, 30.11.1977

52. GN, Nr. 6/1949, S. 162

53. M. Kaldauke, 12.10.1977

54. so M. Riemenschneider/I. Bünger, 22.11.1977

55. Briefe von K. Schlüter vom 30.11.1977; A. Jünemann, 30.11.1977

56. M. Neumann auf dem Treffen der ehemaligen Frauengruppe Einbeck am 30.11.1977

57. Jb. 1947, S. 53: Es gab noch in 9 weiteren Bezirken der Westzonen Frauensekretärinnen

58. Jb. 1950/51, S. 193

59. Jb. 1952/53, S. 204

60. M. Kaldauke, 12.10.1977; G. Eisfeld, 8.12.1977; siehe auch S. 92 f.

61. Jb. 1947, S. 53

62. Jb. 1950/51, S. 193

63. Jb. 1948/49, S. 79

64. ebenda; Jb. 1950/51, S. 193

65. ebenda

66. Biographie, siehe S. 66

67. Es seien hier einige Gedanken zu dem an sich paradoxen Begriff "Ratsherrin" erlaubt: In den Protokollen erscheinen die Frauen zunächst als "Ratsherren", erst in den 50er Jahren werden sie als "Ratsherrinnen" aufgenommen. Die männliche Dominanz (Herr-schaft) scheint hier dermaßen geschlossen, daß "Mann" nicht auf den an sich logischen Gedanken kommt, von einer "Ratsdame" zu sprechen.

68. Vgl. S. 117 ff

69. M. Kaldauke, 12.10.1977, 13.3.1978; G. Eisfeld, 8.12.1977, 8.3.1978

70. Dies ist vielleicht auch ein Zeichen dafür, daß die Militärregierung der Wohlfahrt (der Arbeiterwohlfahrt) einen größeren Stellenwert beimaß.

71. Vgl. Photo Nr. 31

72. Gerda Eisfeld und Auguste Jünemann als Ratsherrinnen: vgl. Photo Nr. 34

73. M. Kaldauke, 12.10.1977 und 13.3.1978; G. Eisfeld, 8.12.1977 und 7.3.1978

74. M. Kaldauke, 12.10.1977

75. M. Kaldauke, 12.10.1977 und 13.3.1978; G. Eisfeld, 8.12.1977 und 7.3.1978

76. A. Jünemann, 30.11.1977 und 7.3.1978

77. G. Eisfeld, 8.12.1977 und 7.3.1978; vgl. über derartige Kurse Jb. 1947, S. 55

78. Sie war bis Anfang der 60er Jahre Vorsitzende der Arbeiterwohlfahrt

79. Vermutungen dieser Art äußerte M. Neumann, 31.10.1977

4. Statt einer Zusammenfassung

1. Die Phasen politischen Umbruchs nach dem ersten und zweiten Weltkrieg hätten möglicherweise mehr Chancen für eine politische und gesellschaftliche Partizipation von Frauen bedeuten können.

Das hängt nicht ausschließlich mit den damals aktiven Frauen zusammen, sondern auch mit gesellschaftlichen, politischen und wirtschaftlichen Problemen, vor denen Frauen zurücksteckten.

Zu Beginn der Weimarer Republik wurden die Frauen durch die - von der SPD getragene - Demobilisierungsverordnung aus dem Wirtschaftsleben herausgedrängt, um den aus dem Krieg zurückkehrenden Männern Arbeitsmöglichkeiten zu sichern. (Industrielle Reservearmee) Die Not der Nachkriegsjahre, die Lasten des Versailler Friedensvertrages, der die junge deutsche Republik an den Rand des finanziellen Ruins brachte, und die Macht der politischen Gegner der Republik (Kapp-Putsch 1920) ließen wenig Handlungsspielräume.

1933 bis 1945 war die Arbeiterbewegung in Deutschland vom Nationalsozialismus unterdrückt. Damit einher gingen auch die Errungenschaften der Frauenbefreiungsbewegung verloren. Frauenbewegung und Arbeiterbewegung waren gleichermaßen Zielscheibe des Angriffs der Nationalsozialisten.

Nach 1945 wurde auf Ortsvereinebene in Münden und Einbeck versucht, in Organisationsformen und Inhalten der politischen Arbeit an die Traditionen der Weimarer Republik anzuknüpfen. Der Versuch scheiterte. Dafür gibt es mehrere Gründe:

- Die soziale Not im vom Krieg zerstörten Deutschland
- Die Politik der Besatzungsmächte (die politische Initiativen z.T. eher boykottierten)
- Die Veränderung der Grundkonzeption der SPD, womit sich auch eine Umorientierung der SPD-Frauenbewegung verband
- Es gelang den 'alten' Sozialdemokratinnen in Münden und Einbeck nicht, die Erfahrungen der Weimarer Republik zu vermitteln
- Der völlige Strukturwandel der SPD-Frauenmitgliedschaft nach 1945

Bezogen auf die politische Situation zur Jahreswende 1982/1983 möchte ich die Behauptung wagen, daß seit Bestehen der Bundesrepublik noch nie eine solch offene politische Situation, verbunden mit Orientierungslosigkeit der etablierten Parteien, zu verzeichnen gewesen ist. Neue Fragen (Ökologie, Frieden) sind notwendigerweise endlich mehr in den Vordergrund getreten, aber die Frauenfrage wird wie ein heißes Eisen beiseite gelassen. Für Grüne und Neue Liberale ist sie kein Schwerpunktthema. Die Frage der politischen Macht steht im Vordergrund, wobei vergessen wird, daß dies auch zu 52% Frauen betrifft.

2. Während dieses Schreibens interessierte mich besonders die Frage nach den Möglich-

keiten zur Emanzipation der Frauen, die ich interviewt hatte. Die Frauen selbst maßen ihr nicht den gleichen Stellenwert zu. Sie waren alle sogenannte "Nur"-Hausfrauen. Trotzdem waren sie, obwohl die Männer und Väter ihrer politischen Arbeit positiv gegenüberstanden, einer ziemlichen Doppelbelastung durch Haushalt, Kindererziehung und Politik ausgesetzt. Diese "Nur"-Hausfrauen waren also nicht nur "familienorientiert". Mir drängt sich die Frage auf, ob sie im Falle außerhäuslicher Berufstätigkeit zu politischer Arbeit überhaupt noch in der Lage gewesen wären!

Ob unter solchen Umständen sich Frauenemanzipation durch Berufstätigkeit erreichen läßt, oder durch die bewußte Entscheidung zwischen Berufstätigkeit und Familienbetreuung, diese Frage ist heute aktueller denn je. Ich möchte diese letzte Alternative bezweifeln: Berufstätigkeit bringt der Frau auf jeden Fall materielle Unabhängigkeit und damit auch mehr Möglichkeiten sich darüber zu orientieren, was sie will, sie bedeutet allerdings nicht die Emanzipation von vornherein.

Die Beispiele von Sophie Werzeiko, Marie Kaldauke, Auguste Jünemann, Marianne Neumann und Gerda Eisfeld zeigen mir, daß diesen "Nur"-Hausfrauen durch politisches Engagement in ihrem Rahmen Möglichkeiten gegeben waren, selbstbewußt bestimmte Interessen durchzusetzen. Ihre politische Arbeit konnte jedoch die Grenze der "typisch" weiblichen Bereiche Soziales, Wohlfahrt, Erziehung etc. nicht grundsätzlich überschreiten.

Damit werden auf der anderen Seite auch die Gefahren deutlich: Diese Grenzen bedeuten letztendlich eine Reduzierung von Möglichkeiten, die Frauen an sich haben. Erweiterte Bildungschancen öffnen heute mehr Frauen die Möglichkeit, sich auch in nichtfrauenspezifischen Diskussionen zu beteiligen. Und gerade dies scheint mir, wenn Frauen sich in einer Partei wie der SPD engagieren, unabdingbar, um gegen die Positionen der Männer bestehen zu können.

3. Die derzeitige Wirtschaftskrise wird einmal wieder zum Anlaß für einen Abbau von Sozialleistungen genommen. Dies trifft vor allem Frauen, und Frauenprobleme werden als weniger wichtig hingestellt. So ist es schon im Ersten Weltkrieg und in der Wirtschaftskrise Ende der 20er Jahre gewesen, ebenso wie in den 50er Jahren, als sich in der Bundesrepublik der Ära Adenauer alles primär um ihre wirtschaftliche Prosperität drehte.

In all den genannten Phasen war die SPD entweder in einer Umbruch- oder in einer Krisenphase. Für die Frauenfrage innerhalb der Partei bedeutete dies jedesmal einen Rückschritt. Der erste Weltkrieg brachte die Zerreißprobe zwischen Befürwortern und Gegnern des Krieges, die 1917 in der Spaltung der Arbeiterbewegung endete. Die Vereinigung von SPD und USPD brachte einen neuen Aufschwung der SPD-Frauenbewegung auf Reichsebene. In der Wirtschaftskrise Ende der 20er Jahre ließen sich die

Frauen wiederum zurückdrängen: Ab 1928 gab es keine eigenen Frauentage im Rahmen der Parteitage mehr. Die Diskussionen um die notwendig gewordene programmatische Umorientierung der SPD (zum Godesberger Programm 1959) hatte offensichtlich keinen Raum gelassen, um den Artikel 3 des Grundgesetzes ("Frauen und Männer sind grundsätzlich gleichberechtigt.") inhaltlich zu füllen, der von der Sozialdemokratin Elisabeth Selbert im Parlamentarischen Rat mit viel Mühe durchgesetzt worden war. Frauen dürfen nicht zulassen, daß ihnen heute wieder das Heft aus der Hand genommen wird, vor allen Dingen nicht Errungenschaften wieder rückgängig gemacht werden.

4. Für mich ist es immer wieder erstaunlich, wie viele Erfahrungen Frauen in der Geschichte schon gemacht haben, die uns meist nicht bekannt sind. Unsere Tradition ist uns immer wieder verloren gegangen.

Wenn wir uns dessen mehr bewußt werden, was Frauen schon gefordert und erreicht haben, können wir vielleicht darauf aufbauen und brauchen nicht immer wieder von vorne anzufangen.

Kurzbiographien von Mündener und Einbecker SPD-Frauen

Irmtraud Bünger

geb. 1912 in Einbeck, war aktiv im Arbeiterturnverein, wo sie ihren Mann kennenlernte und durch ihn zur Sozialistischen Arbeiterjugend kam. Nach 1945 Eintritt in die SPD; Mitarbeit in der Frauengruppe; ehrenamtliche Helferin der Arbeiterwohlfahrt, deren Vorsitzende sie nach A. Jünemann vorübergehend war (sie war 1978 noch in der Altenbetreuung tätig); Mitglied im Jugendwohlfahrtsausschuß des Kreises bis heute.

Gerda Eisfeld

geb. 1909 in Wilhelmshafen als älteste von drei Töchtern, aus sozialdemokratischem Elternhaus (Vater: Spezialfacharbeiter auf der Torpedo-Werft, wurde 1933 aus politischen Gründen entlassen). Nach der mittleren Reife lernte sie technische Lehrerin (Turnen, Schwimmen, Handarbeit und Hauswirtschaft). Aus der Sozialistischen Arbeiterjugend kam sie mit 18 Jahren in die SPD. Mitarbeit bei der Arbeiterwohlfahrt in Emden, wo sie für vier Jahre eine Stelle als Lehrerin hatte (bis 1933). Die Arbeiterwohlfahrt-Gruppe war dort fast identisch mit der Frauengruppe. 1933 heiratete sie den Lehrer Wilhelm Eisfeld, der im gleichen Jahr Berufsverbot bekam[1].

1941 kam Gerda Eisfeld als Ausgebombte mit ihren zwei Kindern nach Einbeck und fand bald Anschluß an alte Sozialdemokraten, da ihr Mann dort bekannt war. Wilhelm war in der Zeit in Holland bei der Marine.

1946 wesentliche Beteiligung am Wiederaufbau der Arbeiterwohlfahrt-Gruppe und der Frauengruppe in Einbeck. Bis in die 50er Jahre war sie Vorsitzende der Frauengruppe in enger Zusammenarbeit mit der Vorsitzenden der Arbeiterwohlfahrt A. Jünemann.

1946 (im 1. gewählten Rat) bis 1968 Ratsmitglied in Einbeck (u.a. im Finanzausschuß, Bauausschuß, Sozialausschuß, Schul- und Kulturausschuß, Rechnungsprüfungsausschuß, Krankenhausausschuß, Hauptausschuß, 1949 im Flüchtlingsrat), 1949 Delegierte des Hannoverschen Landtages zur 1. Bundesversammlung.

Auguste Jünemann, geb. Haase

Ende der Weimarer Republik war sie Vorsitzende der Frauengruppe und der Arbeiterwohlfahrt, Delegierte zusammen mit S. Werzeiko/Hann. Münden beim Bezirksausschuß der Arbeiterwohlfahrt Hannover.

1928 wurde sie als Nachfolgerin der Hebamme Regine Leifhold (die ab 1919 dort Mitglied war) ins Bürgervorsteherkollegium gewählt. Nach der Wiedergründung der Arbeiterwohlfahrt und der Frauengruppe 1945/46 wurde sie Vorsitzende der Arbeiterwohlfahrt (in Zusammenarbeit mit der Vorsitzenden der Frauengruppe G. Eisfeld). 1946 war sie von der Militärregierung ernanntes Ratsmitglied, 1948 bis 1969 gewähltes (u.a. im Finanzausschuß, Sozialausschuß, Wohlfahrts- und Jugendausschuß, Wohnungsausschuß, 1949 im Flüchtlingsrat). Zwischendurch war sie stellvertretende Bürgermeisterin, 1. Beigeordnete, vom Nov. 1959 bis März 1961 und vom 1.10.1964 bis 25.10.1968 Bürgermeisterin in Einbeck.

Gestorben am 30.12.1982 in Einbeck.

Marie Kaldauke, geb. Schröder

Sie war bei der Gründung der Arbeiterwohlfahrt-Gruppe dabei und arbeitete in der Weimarer Republik in der Frauengruppe aktiv mit. Marie war später Protokollführerin. Nach der Wiedergründung der Arbeiterwohlfahrt nach 1945 wurde Marie Kassiererin. 1947 wurde sie Mitglied des von der Militärregierung ernannten Rates (27.6.47 das erste Mal im Protokoll erwähnt), anschließend wurde sie bis 1972 immer wieder in den Rat gewählt (u.a. im Wohlfahrtsausschuß, Kulturausschuß, Friedhofsausschuß, Hautausschuß = Verwaltungsausschuß, Jugendausschuß, Schulausschuß, Finanzausschuß, Vorstand des Krankenhausvereins).

Ab 28.10.55 war Marie Kaldauke Senatorin bis 1968, danach war sie bis zu ihrem Rücktritt 1972[2.] wieder Ratsherrin.

Marianne Neumann, geb. Leifhold

Ende der Weimarer Republik war sie aktives Mitglied der Arbeiterwohlfahrt und der Frauengruppe.

1943 kehrte sie als Ausgebombte mit ihren drei Kindern von Berlin zum Vater nach Einbeck zurück. 1945 wurde sie gleich wieder Mitglied der SPd. 1946 ging sie mit Ehemann und Kindern nach Hannover, von wo sie nach dem Tode ihres Mannes 1949 wieder nach Einbeck zurückkehrte.

Ab 1950/51 ging sie wieder regelmäßig auf Versammlungen von SPD, Frauengruppe und Arbeiterwohlfahrt. Mitte der 50er Jahre wurde sie für einige Jahre Vorsitzende der SPD-Frauengruppe. Heute arbeitet sie noch in der Altenbetreuung der Arbeiterwohlfahrt.

Marie Riemenschneider

geb. 1913 in Einbeck (Vater war ab 1906 bis zu seinem Tode 1976 SPD-Mitglied) als eines von neun Kindern. Mit 12 oder 13 Jahren schon Mitglied der Sozialistischen Arbeiterjugend. Nach 1945 durch Kontakte über ihren Vater Eintritt in die SPD, Mitglied der Frauengruppe, ehrenamtliche Helferin der Arbeiterwohlfahrt bis 1975.

Sophie Werzeiko, verw. Kellner, geb. Kaldauke

Etwa 1920/21 initiierte sie die Gründung einer Ortsgruppe der Arbeiterwohlfahrt, deren Vorsitzende sie später wurde.

1919 - 1933 war sie im Bürgervorsteherkollegium; eine Frau Göthe war zeitweilig noch als zweite Frau für die SPD im Bürgervorsteherkollegium. 1945 Wiedergründung der Arbeiterwohlfahrt, langjährige Vorsitzende. 1946 kam sie in den von der Militärregierung ernannten Rat, wo sie bis zu ihrem Rücktritt 1964 immer wieder hineingewählt wurde (Mitarbeit u.a. im: Wohlfahrtsausschuß, Schulausschuß, Hauptausschuß = Verwaltungsausschuß, Jugendausschuß, Wohnungsausschuß, 1961 im Stadtflüchtlingsrat).

Am 26.9.64 wurde S. Werzeiko die Ehrenbürgerschaft der Stadt Münden überreicht[3.].

Am 19.11.1975 verstarb sie.

Nähere Informationen über ihre Person verdanke ich ihrem Sohn, Dr. H. Kellner, ihrer Nichte M. Kaldauke, Hans Heise, Karl Schlüter.

Biographische Angaben über führende Sozialdemokratinnen, die aktiv an der Frauenbewegung im Unterbezirk Göttingen teilnahmen

Im folgenden werden kurze biographische Daten über Sozialdemokratinnen, Vertreterinnen im Reichstag und Landtag, zusammengetragen, die bei Anlässen wie dem jährlichen Frauentag im Unterbezirk Göttingen als Gäste oder Referentinnen anwesend waren. Soweit Einschätzungen über deren Persönlichkeit vorhanden waren (aus Zeitungsberichten, Büchern, Interviews), werden sie hinzugefügt.

Die Verfasserin wollte nicht nur die Namen der Frauen an sich im Text erwähnen, wie dies bisher der gängige Weg bei solchen Studien ist, sondern versuchen, Persönlichkeit und Lebensumstände einzubeziehen. Die Rednerinnen und Besucherinnen solcher Frauentage sind ja nicht aus sich heraus Sozialdemokratinnen und dazu noch Führerinnen gewesen, sondern Sozialisation und Umwelt haben sie für solche Tätigkeiten geformt[4.].

Elise Bartels und Rosa Helfers leiteten den 2. Frauentag des Unterbezirks Göttingen 1924.

Elise Bartels, geb. Bicker

evangelisch, war am 13.5.1880 in Hildesheim geboren worden. Die Fabrikarbeiterin, gelernte Strickerin, trat 1908 der SPD bei und war bis zu ihrer Heirat mit dem ehemaligen Seemann Heinrich Bartels aus Mehle, der als Bauarbeiter sein Geld verdiente, erwerbstätig. Sie hatten zwei Töchter, Hanni, geb. 1902, Elfriede, geb. 1906. 1919

Weihnachtsfeier der Helfer(innen) der Arbeiterwohlfahrt Einbeck 1945

– 2. Reihe, 4. von rechts: Auguste Jünemann –

(Quelle: Privatbesitz Auguste Jünemann/Einbeck)

Ausflug der Frauengruppe Einbeck, Ende der 40er Jahre zu den Teichen
(Quelle: Privatbesitz Auguste Jünemann/Einbeck)

Ausflug der Frauengruppe Einbeck, Anfang der 50er Jahre
- vorne: Auguste Jünemann -
(Quelle: Privatbesitz Auguste Jünemann)

wurde sie ins Bürgervorsteherkollegium Hildesheim gewählt und arbeitete dort noch als Vorsitzende der Pressekommission des Hildesheimer Parteiblattes. E. Bartels war entscheidend am Aufbau der dortigen Arbeiterwohlfahrt-Gruppe beteiligt. Für Marie Kaldauke war Elise Bartels, Mutter zweier Kinder, das große Vorbild. Sie hatte sie Anfang 1922 kennengelernt, als sie zu einem Jugendpflegekurs in Hildesheim weilte und bei der Familie Bartels wohnte. M. Kaldauke schilderte sie als eine Frau mit großer persönlicher Ausstrahlung, warmherzig, eine "angriffslustige Rednerin". Vom 1.8.22 bis Mai 1924 war E. Bartels für den Wahlkreis 18 Südhannover/Braunschweig und vom Mai 1924 bis 25.10.25 für den Wahlkreis 16 Südhannover/Braunschweig Mitglied des Reichstages für die SPD. Im Rahmen des Wahlkampfes hielt sie am 16.2.24 im Schützenhaus/Münden ein Referat unter "Die Sozialdemokratie und die Frauenfrage".Sie starb am 25.10.1925 in Berlin an Krebs. Am 14.6.25 hatte sie noch als Vertreterin des Bezirksvorstandes am Frauentag in Einbeck teilgenommen. Ihr Nachfolger im Reichstag wurde am 31.10.25 Otto Grotewohl, der nach 45 entscheidend am Aufbau der DDR beteiligt war[5].

Rosa Helfers

war Abgeordnete des Preuß. Landtages ab 1919. M. Kaldauke berichtete, daß sie Direktorin des Hameler Gefängnisses gewesen sei. R. Helfers war regelmäßiger Gast bei vielen Frauentagen des Unterbezirks Göttingen: 1927 in Münden, 1929 in Osterode, 1930 in Duderstadt, 1931 in Bad Lauterberg, 1932 in Göttingen[6].

Mathilde Wurm, geb. Adler

Die Reichstagsabgeordnete Mathilde Wurm hielt am Frauentag 1925 in Einbeck das Hauptreferat "Die Frau in der deutschen Republik". Die Schriftstellerin aus Berlin, geb. am 30.9.1874 in Frankfurt/Main, war ab 1919 im Preuß. Landtag und ab Juni 1920 MdR des Wahlkreises 13 Thüringen für die USPD. Vom Mai 1924 bis 22.6.33 war sie im Wahlkreis 12 Thüringen für die SPD im Reichstag. 1933 emigrierte sie nach England, wo sie in der Nacht vom 30.3. zum 1.4.1935 in London freiwillig aus dem Leben schied[7].

Marie Juchacz, geb. Gohlke

hielt 1926 auf dem Frauentag in Northeim das Hauptreferat über "Die Frau und das Heidelberger Programm" und 1932 auf dem Jubiläumsfrauentag in Göttingen über "Die Gefahren der politischen Krise für die Frauen."
M. Juchacz war in der Weimarer Republik als Vertreterin des Frauenbüros im Parteivorstand der SPD und hatte 1919 die Arbeiterwohlfahrt gegründet, deren Vorsitzende

sie bis 1933 war (nach ihrer Rückkehr aus der Emigration in den USA war sie Ehrenvorsitzende bis zu ihrem Tode).

Sie war am 15.3.1879 in Landsberg/W. als Tochter eines aus Bauernkreisen stammen-
den Zimmermanns geboren worden. Der Vater war ein alter Demokrat. Die "schwerblü-
tige" Mutter brachte selten "Heiterkeit und Frohsinn" in die Familie. "Von diesem
Schatten hat sich die in ihrem Temperament der Mutter, ihrem Unternehmungsgeist
ihrem Vater ähnliche Tochter nie ganz lösen können."[8.]

Sie und ihre jüngere Schwester Elisabeth (Kirschmann-Roehl)[8.] kamen früh zum Sozialismus. Marie arbeitete als Dienstmädchen, Fabrikarbeiterin, Krankenwärterin und
Schneiderin[9.]. 1902 heiratete sie den Schneidermeister Bernhard Juchacz, den sie nach
drei Jahren mit Tochter und Sohn verließ, um sich dann durch Heimarbeit (Schneiderei)
zu ernähren[10.].

Die beiden Schwestern Elisabeth und Marie erzogen nach der Trennung von ihren Ehe-
männern ihre Kinder gemeinsam. Die beiden hatten, nach Hedwig Wachenheim, eine
gute persönliche Beziehung: "Ihre Kinder gehörten ihnen gemeinsam."[11.]

1907 - 1908 war sie Vorsitzende des Schöneberger Frauen- und Mädchenbildungsverein,
danach war sie in Neukölln und im Wahlkreis Teltow-Beeskow-Storkow-Charlottenburg
im Kreisvorstand der SPD. Ab 1913 arbeitete sie als Sekretärin des Bezirkvorstandes
für die obere Rheinprovinz in Köln, von wo aus der Parteivorstand sie 1917 als Nachfolgerin von Clara Zetkin ins Frauenbüro nach Berlin berief[12.]. 1919 trat sie in der
Nationalversammlung als erste Rednerin überhaupt auf[13.]. Von 1919 bis zum 20. Juni
1933 war sie als Reichtags-Abgeordnete für verschiedene Bezirke in Potsdam
tätig[14.].

Die beiden Kinder von M. Juchacz lebten, nachdem sie 1919 endgültig nach Berlin gegangen war, im Haushalt ihrer Schwester mit deren Mann Emil Kirschmann. Die
Familie lebte entweder in der Wohnung in Köln oder im eigenen Haus in Berlin-Köpe-
nick. Dort wurden Lotte und Paul mit Fritzmichael, dem Sohn von Elisabeth aus erster
Ehe, erzogen. Marie war dort oft zu Besuch. Elisabeth und Marie müssen wesensmäßig
sehr verschieden gewesen sein: "Marie war verschlossen und herb, voll strenger Würde.
Elisabeth war weich, freundlich und fröhlich, den Angelegenheiten des Lebens zugetan
... Sie waren beide vornehm sowohl in der Gesinnung als auch in äußeren Formen."[15.]
Marie Kaldauke schilderte M. Juchacz als vornehme, nicht unbedingt herzliche Person.
Sie hatte sie auf dem Frauentag in Northeim 1926 kennengelert. In der Diskussion
nach dem Referat hatte sich M. Kaldauke eifrigst beteiligt, Juchacz wurde auf sie
aufmerksam und hieß sie zu einem kurzen Gespräch willkommen[16.]. Auguste Jüne-
mann, Einbeck, war auf der Internationalen Frauenkonferenz in Wien 1931[17.] auf M.
Juchacz getroffen. Juchacz habe wohl damals erwartet, daß sich alle aus der
deutschen Delegation ihr vorstellen würden. A. Jünemann hatte ziemlich viele Hem-

mungen als Neuling auf einem solchen großen Kongreß und konnte nicht auf sie zuge-
hen. Juchacz muß sich, laut A. Jünemann, bei einer gemeinsamen Bekannten hinterher
über A. Jünemanns Unfreundlichkeit beklagt haben. Jünemann hält Juchacz für eine
"arrogante, unpersönliche Frau "[18.].

Als 1930 Elisabeth Kirschmann-Roehl starb, zog Marie in den Haushalt ihres Schwagers
und versorgte Fritzmichael, ihre eigenen Kinder waren inzwischen selbstständig[19.].
1933 floh sie mit Emil Kirschmann zunächst ins Saarland, dann emigrierte sie über
Frankreich in die USA[20.]. Nach ihrer Rückkehr starb sie am 28.1.1956 in Bonn[21.].

Gertrud Hanna

seit 1907 Leiterin des Arbeiterinnensekretariats des Allgemeinen Deutschen Gewerk-
schaftbundes[22.] und engere Vertraute von M. Juchacz, hielt auf dem Frauentag 1927
in Münden das Hauptreferat über "Die geschichtliche Bedeutung des Kampfes der Frau
um die politische und wirtschaftliche Gleichberechtigung". Sie war 1876 in proletarischen Kreisen in Berlin geboren. Früh wurde die graphische Hilfsarbeiterin Mitglied
der SPD und arbeitete gewerkschaftlich. Bald wurde sie Gewerkschaftsangestellte und
später Leiterin des Arbeiterinnensekretariats des Allgemeinen Deutschen Gewerk-
schaftsbundes (s.o.). Im Kriege gründete sie die "Gewerkschaftliche Frauenzeitung". In
der Weimarer Republik arbeitete sie eng mit dem Frauenbüro zusammen. Ab 1919 war
sie für Berlin-Pankow Mitglied des Preuß. Landtages[23.]. Sie starb 1944 durch Freitod.

Maria Reese, geb. Meyer

hielt auf dem Frauentag des Unterbezirks Göttingen 1928 in Uslar das Hauptreferat
"Die organisatorische und rechtliche Stellung der Arbeiterfrau", nachdem sie durch
Reden auf mehreren Frauen- und Parteiversammlungen im Unterbezirk schon bekannt
war. So hatte sie auch an der Sitzung der Vorstände der Frauengruppen des Unterbezirks Göttingen am 25.4.28 in Salzderhelden teilgenommen.
S. Werzeiko, Münden und A. Jünemann, Einbeck, kannten sie schon von der Bezirksfrauenkonferenz in Hannover am 18.6.1927, wo sie ein Referat "Wie gewinnen wir die
Frauen für die sozialdemokratische Organisation" gehalten hatte.
Die Schriftstellerin aus Berlin, geb. am 5.1.1889 in Michelbach, war ehemals Lehrerin
in Trier. Sie kam über die USPD zur SPD, für die sie 1928 auf Platz 3 der Landesliste
für den Wahlkreis 16 im Bezirk Südhannover/Braunschweig zur Reichstagswahl stand
und gewählt wurde. G. Noske lobte ihr Rednertalent ausdrücklich.
1929 war sie noch einmal Gast beim Frauentag des Unterbezirks in Osterode.
Im Nov. 1929 trat sie zur KPD über und blieb bis zum 30.3.33 weiter Mitglied im
Reichstag. Am 28.2.33 emigrierte sie, kam aber 1934 freiwillig nach Deutschland

zurück und arbeitete z.T. im Rahmen nationalsozialistischer Propagandaarbeit.
1945 trat sie wieder in die katholische Kirche ein und war national gesinnt. Sie zog
nach Zell/Mosel, wo sie am 9.10.1958 starb[24].

Elisabeth Kirschmann-Roehl, geb. Gohlke

hielt in Vertretung ihrer Schwester Marie Juchacz das Hauptreferat auf dem Frauentag des Unterbezirks 1929 in Osterode "Die Frau in der Politik und in der Arbeiterwohlfahrt."
Sie war am 22.8.1888 in Landsberg/W. geboren worden. Über die Familienverhältnisse
etc. vgl. M. Juchacz.
Elisabeth arbeitete auch nach ihrer ersten Heirat noch als Heimarbeiterin.
1919 wurde sie für den Wahlkreis Köln/Aachen in die Nationalversammlung gewählt.
Sie war auch Mitglied des Bürgervorsteherkollegiums Köln für den Stadtteil Kletten-
berg. Im gleichen Jahr war sie auch in den Preuß. Landtag gewählt worden, wo sie bis
zu ihrem Tode Mitglied war.
Großen Wert legte sie auch auf die Verbindung zu ihrem Wahlkreis. Else Scheuer-Insel
berichtete in ihrem Nachruf in der "Frauenwelt" 1930 von Elisabeths erstem Referat
auf einer Frauenversammlung in Köln: Ihr selbst war sehr bange zumute, aber als
Elisabeth das Wort ergriff, "war alles verwandelt. Die 100-köpfige Schar zu unsern
Füßen stand unter dem Bann der gesprochenen Worte. Meine Angst wich ... Ihre warm-
herzige, gewinnende Stimme drang hinunter ..."
Zusammen mit Hedwig Wachenheim galt sie als Hauptstütze ihrer Schwester bei der
Organisierung der Arbeiterwohlfahrt.
Im Wahlkampf 1930 für die Kandidatur ihres Mannes Emil Kirschmann zum Reichstag,
war sie noch aktiv gewesen. Gegen Ende zwang sie eine heimtückische Krankheit ans
Bett: Sie starb am 21.9.1930 an Krebs. Ihr Mann, Handlungsgehilfe und Ministerialrat
in Berlin geb. 13.11.1888 in Oberstein/Nahe), war ab Mai 1924 schon für den Wahlkreis
21 Koblenz-Trier im Reichstag, dem er bis zum 22. Juni 1933 angehörte. Er verstarb
am 11.4.1948 in der Emigration in New York[25].

Marie Arning

Frauensekretärin im Bezirk Magdeburg, war auf dem Frauentag des Unterbezirks 1930
in Duderstadt Referentin über "Die Frau und der Sozialismus". Geb. am 19.4.1887 in
Bramsche, kam sie schon zu Beginn des Jahrhunderts zur Sozialdemokratie. 1919 bis
1921 wurde sie als Stadtverordnete für die USPD in Duisburg gewählt. Vom Dez. 1924
bis Sept. 1930 war sie für den Wahlkreis 10 Magdeburg SPD-Mitglied im Reichstag.
1933 emigrierte sie nach Holland, wo sie beim Einmarsch der deutschen Truppen 1940
verhaftet wurde. Sie starb 1950 in Magdeburg[26].

Anna Zammert, geb. Rabe

Gewerkschaftssekretärin in Hannover, hielt auf dem Frauentag des Unterbezirks 1931 in Bad Lauterberg das Hauptreferat "Die Frau in der Wirtschaft."

Geb. am 12.7.1898 in Delitzsch als zweitälteste Tochter einer 7-köpfigen Zigarrenarbeiterfamilie, kam sie mit 10 Jahren als Kindermädchen zu einer wohlhabenden Familie. Mit 12 Jahren übernahm sie eine Aufwartestelle, im Krieg arbeitete sie für Unterkunft und Verpflegung als Dienstmädchen, kehrte 1917 wieder nach Hause zurück und ging in die dortige Zigarrenfabrik. 1918 arbeitete sie kurzfristig in einer Eisengießerei, dann auf dem Bau, in einer Braunkohlengrube, dann wieder als Hausangestellte bei einem Regierungsrat in Berlin, wo sie sich in den Revolutionstagen wie eine Gefangene vorkam. Sie war inzwischen Mitglied der USPD. Am 9.11.1918 ging sie wieder nach Delitzsch in eine Seidenspinnerei. Sie engagierte sich als Gewerkschaftsfunktionärin, wurde deswegen entlassen und arbeitete wieder in der Zigarrenfabrik. Danach machte sie eine Ausbildung an der Akademie für Arbeit in Frankfurt/Main. Ab Juli 1927 war sie Agitationssekretärin in Frankfurt/Main und ging Anfang 1928 als Sekretärin zum Hauptvorstand des Fabrikarbeiterverbandes nach Hannover. Vom 25.9.1930 bis 22.6.1933 war sie Mitglied des Reichstages der SPD für den Wahlkreis 16 in Südhannover/Braunschweig. 1933 wurde sie wiederholt verhaftet und emigrierte 1935 nach Schweden, wo sie 1964 noch wohnhaft gewesen sein soll[27].

Anmerkungen

1. siehe Photo Nr. 17

2. Verbesserung zu Thom, a.a.O., Anhang (im folgenden werden Literaturangaben nur mit Verfasser aufgeführt)

3. siehe Photo Nr. 30

4. Diesen Ansatz in aller Breite durchzuführen, würde aber den Rahmen dieser Arbeit sprengen. Ich habe seit Abschluß dieses Manuskripts jedoch die Materialsuche über die Tätigkeiten der SPD-Frauen im Deutschen Reichstag und im Preuß. Landtag der Weimarer Republik fortgeführt:"S PD und Frauenemanzipation in der Weimarer Republik" heißt der Arbeitstitel meiner Dissertation.

5. Informationen aus: Handbuch Reichstag (zit. als: RT), a.a.O., S. 613; Interview M. Kaldauke, 4.10.1977;
   - GV 12.2.24: Bartels in Münden
   - GV 8.4.24: Bartels auf Platz 2 der Landesliste für den RT
   - GV 5.12.24: B. ist Kandidatin Nr. 3 des Bez. Südhannover/Braunschweig für den RT
   - GV 6.8.24: Bericht Unterbezirk-Frauentag in Göttingen 1924
   - GV 25.6.25: Bericht über den Frauentag in Einbeck 1925
   - GV 29.10.25: Nachricht vom Tode, Lebenslauf
   Interview mit der Tochter Elfriede Denecke, geb. Bartels, Hildesheim 4.4.1981 (gestorben 4.12.1982)

6. Informationen aus: Klöcher, Dr. Alois, Der erste preußische Landtag. Ein Handbuch für die preußischen Landtagswahlen und den Landtag. Hrsg. vom

Landessekretariat der preußischen Zentrumspartei, Berlin 1921 (zit. als Handb. Preuß. LT), S. 60
- Interview mit M. Kaldauke, Münden, 4.11.1977
- GV 13.7.1927, 11.6.1929, 1.7.1930, 30.6.1931, 27.6.1932

7. - Handbuch RT, a.a.O., S. 792
   - Handb. Preuß. LT, a.a.O., S. 61
   - GV 31.5.1925, 25.6.1925

8. Frauenwelt (zit. als: FW), H. 5, S. 77

9. ebenda; vgl. GV 12.9.1930; Vorwort, Frauenstimmen, a.a.O., S. 9

10. Antje Dertinger, Hilfe die nicht unterdrückt, in: Sozialdemokrat, Magazin, Dez. 77, S. 24

11. zit. aus: F. Roehl, a.a.O., S. 121

12. FW, H. 5, S. 77

13. ebenda

14. Handbuch RT, a.a.O., S. 684

15. Hedwig Wachenheim über die beiden Schwestern, zit. nach Roehl, a.a.O., S.122

16. Interview, 4.10.1977

17. Bericht über diese Konferenz in GV 27.7.1931

18. Interview, 30.10.1977

19. Roehl, a.a.O., S. 150

20. ebenda, S. 164 ff.

21. Handbuch RT, a.a.O., S. 684

22. Allgemeiner Deutscher Gewerkschaftsbund = ADGB

23. - Handb. Preuß. LT, a.a.O., S. 53
    - GV 3.7./13.7.1927
    - Lossef-Tillmanns, a.a.O:, S. 429 ff.
    - Bericht in FW 1932, H. 17, S. 393

24. GV 27.3.28: RT-Kandidatur
    GV 28.5.27: Referat vor Bez.-Frauen-Konferenz
    GV 25.4.28: Vorstände der Frauengruppen des Unterbezirks in Salzderhelden
    GV 3.7./11.6.1929: Unterbezirk-Frauentage in Uslar 1928, in Osterode 1929
    Handbuch RT, a.a.O., S. 733
    Gustav Noske, Erlebtes aus Aufstieg und Niedergang einer Demokratie, Offenbach/M. 1947, S. 197

25. Handbuch RT, S. 738; Handb. Preuß. LT, S. 54; Roehl, S. 120 ff, 149 f; FW 1930, H. 22, S. 515; über E. Kirschmann: Handbuch RT, S. 689; Roehl, S. 121

26. GV 1.7.1930: Bericht vom Frauentag in Duderstadt; Handbuch RT, a.a.O., S. 610

27. Handbuch RT, a.a.O., S. 792
    GV 20.8.30: Kandidatur für RT-Wahl Südhannover/Braunschweig
    GV 30.6.32: Kandidatin Nr. 3 RT Südhannover
    GV 30.6.31: Bericht über Unterbezirk-Frauentag in Bad Lauterberg
    GV 3.11.32: Lebenslauf von Anna Zammert

Dokument Nr. 1

Anzeige im GV vom 14.6.1925

Aufruf zum 3. Frauentag des Unterbezirks
Göttingen der SPD 1925:

Rüstet zum Frauentag in Einbeck am 21. Juni 1925

Beginn: 9.30 Uhr im Saal des Rhein. Hofes

1. Begrüßung der Teilnehmer und Gäste
2. Vortrag der Reichstag-Abgeordneten Genossin Mathilde Wurm (Bln): "Die Frau in der deutschen Republik"
3. Aussprache
4. Beratung von Anträgen
5. Geschäftliches. Wahlen

Alle Anträge müssen bis zum 14. Juni beim Parteisekretariat abgegeben sein. Für jede Frauengruppe sollte je 10 Mitglieder eine Delegierte geschickt werden, teilnehmen sollten nach Möglichkeit jedoch alle Genossinnen. Wo keine Frauengruppen bestehen, kommen selbstverständlich die am Orte organisierten Frauen.

Genossinnen! Macht den Frauentag des Unterbezirks in Einbeck zu einer eindrucksvollen Kundgebung für die Eingliederung der Arbeiterfrau in das politische Leben Deutschlands. Kommt alle! Zeigt den Willen der Arbeiterfrau und Arbeitermutter mitzuwirken an der Befreiung des Proletariats von kapitalistischen Fesseln.

Der Unterbezirksvorstand

i.A. Lehmann

Dokument Nr. 2

Frauenbeilage des GV, wenn keine besonderen Anlässe sind:

GV Frauenbeilage Nr. 12/1928 (14.12.1928)
- M.H.: Die Geschichte vom Spielzeug
- Ali Baba: Bleisoldaten werden lebendig
- H.Z.: Weihnachtsarbeiten für Kinder
- Einkaufen - eine Frauenkunst
- H.B.: Zwei alte Fräulein
- Du sollst gebären - Gedicht
- Fritz M. Schönfeld: Er soll dein Herr sein. Skizze
- Hebammenordnung von 1693. Auch damals suchten Frauen heimlich Hilfe

Dokument Nr. 3

Beispiel für eine Frauenbeilage des "Göttinger Volksblattes" vor wichtigen politischen Abstimmungen

"Göttinger Volksblatt" Frauenbeilage Nr. 7/1926 (16./17.6.26)
- Zona Gale: Der Friede und die Kinderherzen
- Die Mutter als Helferin
- Schwester Lotte Müller: Säuglingsgeschichte
- Allerei Wissenswertes: Berufskrankheit, Frauenarbeit in Indien, Zigeunerschule, Wieviel kinderreiche Familien gibt es?, Begabung der Kinder in unterschiedlichen Volksschichten
- Frauenwelt-Modebeilage
- Warum beim Volksentscheid für die Fürstenenteignung mit "Ja" stimmen?
- Der Haushalt der Frau und der Volksentscheid von Emma Sachse, Altenburg (Thür.)
- Anzeige: Rüstet zum Frauentag am 4. Juli 1926 in Northeim!
- Humor und Satire

Dokument Nr. 4

Referate gehalten vor Frauen (für Frauen) in Münden, Einbeck und Unterbezirks-
Frauentagen

Die folgende Zusammenstellung der Referatsthemen für sozialdemokratische Frauen
soll einen Überblick geben, womit sich die Frauen in den Frauengruppen beschäftigt
haben. Die Liste kann keinen Anspruch auf Vollständigkeit erheben, da oft auch nur
Redner(innen) und keine Themen angegeben wurden. Sind die Referate mit (a)
gezeichnet, so ist der Hinweis den Jahresberichten des Unterbezirks Göttingen entnommen; die mit (b) gezeichneten Hinweise stammen aus dem "Göttinger Volksblatt".

I. Frauen und Sozialismus/Arbeiterbewegung

1924, Einbeck, Parteifest: "Was müssen wir Arbeiterfrauen in der sozialistischen Bewegung tun?" (Elise Bartels, Reichstagabgeordnete) (b)

1924, Münden, Frauengruppe: "Der Aufstieg der modernen Arbeiterbewegung" (Adolf
Kaldauke, Münden) (b)

1925, Einbeck, Frauengruppe: "Die nächsten Aufgaben der sozialistischen Frau" (Genossin Siem, Göttingen) (b)

1925, Münden, Frauengruppe: "Ferdinand Lasalle" (VHS-Kurs) (b)

1926, Münden, Öffentliche Versammlung: "Der Weg zum wissenschaftlichen Sozialismus" (Maria Reese, Hannover) (b)

1928, Einbeck, Frauengruppe: "Unsere Arbeit am Sozialismus" (Maria Reese, Hannover)
(b)

1928, Einbeck, Öffentliche Versammlung: "Was ist Sozialismus" (Maria Reese, Hannover) (a)

1928, Uslar, Frauentag: "Die organisatorische und rechtliche Stellung der Arbeiterfrau"
(Maria Reese, Hannover) (b)

1930, Duderstadt, Frauentag: "Die Frau und der Sozialismus" (Marie Arning, Magdeburg) (a)

II. Frauen und Sozialdemokratie, Politik und Gesellschaft, Wahlen

1924, Münden, öffentl. Frauenversammlung: "Die Frauen und die kommenden Wahlen"
(Therese Bremer, Hannover) (b)

1924, Münden, Frauenversammlung: "Sozialdemokratie und Frauenfrage" (Elise Bartels,
Reichstag, Hannover) (b)

1924, Münden, Öffentliche Volksversammlung: "Deutschlands Politik und Deutschlands
Zukunft" (Genossin Schilling, Chemnitz) (b)

1925, Unterbezirks-Frauentag, Einbeck: "Die Frau in der deutschen Republik" (Mathilde Wurm, Berlin) (a)

1925, Einbeck, Frauengruppe: "Die soziale Stellung der Frau in der heutigen Gesellschaft" (Genossin Schwertmann, Hannover) (b)

1925, Einbeck: "Frauen und Wahlen" (Rosa Helfers, Reichstagabgeordnete, Hameln) (b)

1926, Northeim, Unterbezirk-Frauentag: "Die Frau und das Heidelberger Programm" (Marie Juchacz, Reichstag, Berlin) (a)

1926, Münden, Öffentliche Versammlung: "Volksentscheid zur Fürstenabfindung" (Genossin Evers, Hannover, Provinziallandtag) (b)

1927, Münden, Unterbezirk-Frauentag: "Die Entwicklung der Frau im politischen und wirtschaftlichen Leben" (Gertrud Hanna, Allgemeiner Deutscher Gewerkschaftsbund, Berlin) (a)

1928, Uslar, Unterbezirk-Frauentag: "Die gesellschaftliche und organisatorische Stellung der Frau" (Maria Reese) (a)

1928, vor den Vorsitzenden der Frauen-Ortsgruppen: "Die Frau in der Gemeinde" (Genossin Brühn, Hannover) (a)

1928, Einbeck, Öffentliche Wählerversammlung: "Bürgerblock und Sozialdemokratie" (Maria Reese, Hannover) (b)

1928, Münden, Öffentliche Wählerversammlung: "10 Jahre nach der Revolution" (Maria Reese, Hannover) (b)

1928, Einbeck, vor der Arbeiterwohlfahrt: "Die Arbeit der Frau in der Partei" (Berta Kröger, Harburg) (a)

1929, vor den Vorständen der Frauengruppen des Unterbezirks: "Die Arbeit der Frau in der Partei" (Berta Kröger, Harburg) (a)

1930, Einbeck, Große öffentliche Frauenversammlung: "Volksnot, Volksrecht und Reichstagwahl" (Rosa Helfers, Landtag, Berlin) (b)

1932, Einbeck, Öffentliche Frauenversammlung: "Der 31. Juli ist auch Entscheidungskampf der Frauen" (Berta Kröger, Harburg) (b)

1932, Göttingen, Unterbezirk-Frauentag: "Die Gefahren der politischen Krise für die Frau" (Marie Juchacz, Berlin)

III. Frauen und Arbeiterwohlfahrt/Soziales etc.

1924, Münden, Frauengruppe: "Agitation und Arbeiterwohlfahrt" (Elise Bartels, Reichstag, Hildesheim) (b)

1925, Einbeck, zwei Frauenabende: "§218" (Kreisarzt Dr. Hartwig) (b)

1926, Einbeck, Frauengruppe: "Die Arbeiterwohlfahrt" (Genossin Wagenknecht, Hildesheim) (b)

1927, Münden, Frauenversammlung: "Volksfürsorge" (Genossin Ilse) (b)

1928, Einbeck, Frauengruppe: "Fürsorgebestimmungen" (Genossin Bruhn) (a)

1929, Unterbezirk-Frauentag, Osterode: "Die Frau in der Politik und in der Arbeiter-wohlfahrt" (Genossin Kirschmann) (a)

IV. Frauen und Kriminalistik

1928, Einbeck, Fest zum 4-jährigen Bestehen der Arbeiterwohlfahrt: "Die Frau in der Kriminalistik" (Berta Kröger, Reichstag, Wilhelmsburg) (b) (a)

1931, Einbeck, Frauengruppe: "Die Frau im Strafvollzug" (Rosa Helfers, Berlin, Land-tag) (b)

V. Frauen und Wirtschaft

1925, Münden, Frauengruppe: "Die Frau in der Genossenschaft" (Eduard Kaldauke, Münden) (b)

1928, Einbeck, Frauengruppe: "Die Frau in der Wirtschaft" (Genosse Borowski, Göttingen) (a)

1931, Bad Lauterberg, Unterbezirk-Frauentag: "Die Frau in der Wirtschaft" (Anna Zammert, Hannover) (b)

1932, Einbeck, Frauengruppe: "Die Frau in der Wirtschaftskrise" (Genossin Schiffgens, Saarbrücken) (b)

VI. Andere Themen

1924, Einbeck, Frauengruppe: "Entstehung und Ausbreitung des Hexenglaubens und seine Nachwirkungen in unsere Zeit" (Lehrer Busemann, Einbeck) (b)

1924, Münden, Frauengruppe: "Die Wichtigkeit der Elternbeiratswahlen" (Genosse Lehrer Camman, Münden) (b)

1926, Einbeck, Frauengruppe: Bericht über den Besuch eines Schulungskurses (Auguste Jünemann, Einbeck) (b)

1928, Einbeck, Frauengruppe: "Die Entwicklung des Zeitungswesens" (Genosse Lehmann, Göttingen) (a)

Nach 1945

1946, Frauenkonferenz des Unterbezirks Göttingen "Die Frau in Politik und Partei" (a)

1946, ebenda: "Die Frau als Erzieherin" (a)

1946, ebenda: "Die Frau in Wohlfahrt und Fürsorge" (a)

1949, Einbeck, Frauenversammlung: "Die Frau im politischen Leben" (Käte Richter, Kassel) (a)

1949, Werbewoche im Unterbezirk: "Was interessiert die Frau von heute" (a)

Dokument Nr. 5

Wahlvorschläge der SPD: Frauen 1919 - 1933

1. Münden

Bürgervorsteherwahl 1919
18 Kandidaten, davon
Platz 5: Sophie Kellner, Witwe (später Werzeiko)
Platz 17: Louise Hartmann, Ehefrau

Bürgervorsteherwahl 1924
22 Kandidaten, davon
Platz 3: Sophie Werzeiko, Ehefrau
Platz 11: Anna Göthe, Ehefrau
Platz 12: Christel Seitz, Tabakarbeiter (!)
Platz 20: Louise Hartmann, Ehefrau

Bürgervorsteherwahl 1929
22 Kandidaten, davon
Platz 3: Sophie Werzeiko, Ehefrau
Platz 10: Anna Göthe, Ehefrau
Platz 18: Else Barth, Ehefrau

Bürgervorsteherwahl 1933
22 Kandidaten, davon
Platz 3: Sophie Werzeiko, Ehefrau
Platz 10: Christine Wenzel, Hausfrau
Platz 19: Else Barth, Ehefrau

(Quellen: MN 11.2.1919 für 1919; MT 19.11.1929 für 1924 und 1929; MT 13.3.1933 für
1933)

2. Einbeck

Bürgervorsteherwahl 1919
24 Kandidaten, davon
Platz 4: Regine Leifhold, Hebamme
Platz 19: Frau Bank, Ehefrau

Bürgervorsteherwahl 1924
es werden 8 SPD-Mitglieder gewählt, davon an zweiter Stelle: Regine Leifhold,
Hebamme

Verleihung der Ehrenbürgerschaft der Stadt Münden an Sophie Werzeiko 1964
(Quelle: Privatbesitz Marie Kaldauke/Münden)

Verleihung der Ehrenbürgerschaft der Stadt Münden an Marie Kaldauke
(Quelle: Privatbesitz Marie Kaldauke/Münden)

Unserer lieben Genossin
Auguste Jünemann
möchten wir auf diesem Wege unsere Anerkennung und Dankbarkeit zeigen für ihre uneigennützige Tätigkeit und Hilfsbereitschaft in der Arbeiter-Wohlfahrt.

Es ist uns eine besondere Freude und Genugtuung, Dich als zweiten Bürgermeister unserer Stadt Einbeck begrüßen zu können! Zum 1. Male in der Geschichte Einbecks ist es einer Frau aus unseren Reihen vergönnt, als stellvertretender Bürgermeister tätig zu sein.

Wir alle sind stolz auf Dich und gratulieren herzlichst zum neuen Amt!

Deine Mitarbeiterinnen der Arbeiter-Wohlfahrt.

Arbeiterwohlfahrt
Kreisausschuss

Einbeck, den 16. Sept. 1949

Liebe Frau Jünemann !

Wenn Sie am heutigen Tage 50 Jahre alt werden, so ist das
eben ein besonderer Tag, dem man gedenken muss. Das ist für uns
nicht nur eine übliche Höflichkeit, sondern ein Bedürfnis, das
in unseren gegenseitigen und menschlichen Beziehungen und in der
sozialen Arbeit für grosse Teile der Bevölkerung begründet liegt.

Sie sind vor 1933 schon unermüdlich für die Arbeiterwohlfahrt tätig gewesen. Sie haben auch diese Arbeit nach 1945 sofort
wieder in Angriff genommen. Wer weiss, wieviel Kleinarbeit und
wieviel Mitgefühl beim Wirken für die Arbeiterwohlfahrt in den
vielen Wechselfällen des Lebens damit verbunden ist, nur der
kann ermessen, welche körperliche und seelische Beanspruchung
diese Arbeit verlangt.

Wir wissen von diesen Voraussetzungen für eine solche
Tätigkeit und bewundern deshalb Ihre nimmermüde Kraft, die Sie
hierfür aufwenden und tagtäglich erneuern.

Es ist uns deshalb ein Herzensbedürfnis, Ihnen im Namen
aller Mitarbeiterinnen und auch im Namen aller derjenigen zu
danken, denen Sie Ihre Hilfe im Laufe der vielen Jahre Ihres
Wirkens uneigennützig zur Verfügung gestellt haben.

Wir wünschen Ihnen deshalb zu dem heutigem Tage alles
das Gute, was Sie sich selbst als Erfüllung in Ihrem weiteren
Leben ausdenken. Wenn wir zur Erfüllung eines solchen Wunsches
beitragen können, dann soll das für uns eine Verpflichtung sein.

Zum Schluss wünschen wir Ihnen, dass Sie noch recht lange
mit Ihrem Gatten und Ihren Familienangehörigen ein zufriedenes
und beschauliches Leben führen und weiter finden mögen.

Mit den besten Grüssen zeichnet

Arbeiterwohlfahrt
Kreisausschuss

Glückwünsche der Arbeiterwohlfahrt an Auguste Jünemann 1949
(Quelle: Privatbesitz Auguste Jünemann/Einbeck)

Auguste Jünemann und Gerda Eisfeld bei der Weihnachtsfeier des Rates der Stadt
Einbeck 1959
(Quelle: Privatbesitz Gerda Eisfeld/Einbeck)

Auguste Jünemann und Gerda Eisfeld im Rat 1961
(Quelle: Privatbesitz Gerda Eisfeld/Einbeck)

Bürgervorsteherwahl 1929

20 Kandidaten, davon

Platz 4: Auguste Jünemann, Ehefrau

Platz 12: Regine Leifhold, Hebamme

Platz 18: Lina Fuchs, Kriegerwitwe

(Quellen: 1919: ET 15.2.1919; 1924: GV 9.5.1924; 1929: GV 12.10.1929)

Dokument Nr. 6

Ämter der Frauen in den Gemeindeverwaltungen

Die folgende Aufstellung wurde den Informationen der Protokolle des Magistrats (in der Weimarer Republik) bzw. des Rates (ab 1945) der Städte Hann. Münden und Einbeck entnommen. Für Einbeck waren Protokolle des Magistrats nicht auffindbar.

1. Gerda Eisfeld, Einbeck

Okt. 46 - 30.9.68: Ratsherrin (!)

ab 1948 (2. Wahlperiode):

    - Hauptausschuß (= Allg. Ausschuß für Verfassung, Personal und Geschäftsführung)

    - Ausschuß für das Krankenhaus und das Gesundheitswesen

    - Ausschuß für Schul- und Kulturwesen

    - Flüchtlingsrat

ab 1952: - Ausschuß für das Finanz- und Grundstückswesen

     - Ausschuß für Schul- und Kulturwesen

     - Zweckverband Krankenhaus

ab 1956: - Ausschuß für das Finanz- und Grundstückswesen

     - Schul- und Kulturausschuß

     - Rechnungsprüfungsausschuß

ab 1961: - Rechnungsprüfungsausschuß

ab 1964: - Finanz- und Grundstücksausschuß

     - Bauausschuß

     - Sozialausschuß

     - Stadtwerkausschuß

     - Schlachthofausschuß

2. Auguste Jünemann, Einbeck

1929 - 1933: Bürgervorsteherin

Jan. - Sept. 1946: Ratsherrin (!), von der Militärregierung ernannt

1946 - 1948: Mitglied des Kreistages

Jan. 46 - Sept. 46 :
Dez. 48 - Jan. 50 : Stellv. Bürgermeisterin

1948 - 1952: Ratsherrin (!)

 - Ausschuß für das Finanz- und Grundstückswesen (nur in Vertretung des
  Vorsitzenden kraft Amtes)

 - Ausschuß für Wohlfahrts- und Jugendpflege

 - Unterausschuß für Hospitalfragen

 - Ausschuß für das Wohnungswesen

 - Flüchtlingsrat

Dez. 1952 -

1956   : Ratsherrin (!)

 - Ausschuß für das Finanz- und Grundstückswesen

 - Ausschuß für Wohlfahrts- und Jugendpflege, Vorsitzende

 - Ausschuß für das Wohnungswesen

Nov. 1956 -

Nov. 1959 : 1. Beigeordnete

Nov. 1959 -

März 1961 : Bürgermeisterin

 - Sozialausschuß

 - Finanz- und Grundstücksausschuß

März 1961-

Sept. 1964 : Ratsherrin (!)

1.10.64 -

25.10.68   : Bürgermeisterin

 - Vorsitzende des Finanzausschusses

3. Marie Kaldauke, Münden

27.6.1947   : Frau Kaldauke das 1. Mal in den Protokollen erwähnt (von der Militär-
     regierung zur Ratsherrin ernannt)

 - Hauptausschuß

1948 - 1952: (17.12.48) Ratsherrin (!)

 - Wohlfahrtsausschuß

 - Kulturausschuß

 - Friedhofsausschuß

1952 - 1955 : Beigeordnete

ab 1955   : Senatorin (5.12.55)

      - Hauptausschuß (=Verwaltungsausschuß, am 10.5.55 aufgelöst)

      - Wohlfahrtausschuß

      - Jugendausschuß

1956 - 1960 : Senatorin (23.11.56)

      -Schulausschuß

      -Jugendwohlfahrtsausschuß

1961 -

Ende 1964 : Senatorin (19.4.61)

      -Finanzausschuß

      -Wohlfahrtsausschuß

      -Vorstand des Krankenhausvereins

1964 - 1968 : Ratsherrin (!) (23.10.1964)

      -Schulausschuß

      -Sozialausschuß, Vorsitzende

      -Jugendwohlfahrtsausschuß

      -als Vertreterin der Stadt in den Sparkassenzweckverband benannt

1968 - 1972 : Ratsherrin (24.11.68)

      -Schlausschuß

      -Sozialausschuß, Vorsitzende

      -Jugendwohlfahrtsausschuß

      -als Vertreterin der Stadt in den Verwaltungsrat des Krankenhausvereins

      benannt.

4. Sophie Werzeiko, Münden

ab 1919 -

1933   : Mitglied des Bürgervorsteherkollegiums (Wwe Sophie Kellner)

ab 1919   : -Ausschuß für Lebensmittelmarken (MN 22.3.1919)

ab 1924   : -Armenkollegium

          -Wohlfahrtskommission (11.6.24)

27.11.1924 : Anna Göthe geb. Möller kommt für den Gen. Adler ins Kollegium

19.1.1933 : Frau Werzeiko und Frau Göthe sind zusammen mit den anderen Sozial-

          demokraten das letzte Mal in den Protokollen erwähnt.

23.9.1946 : Frau Werzeiko das 1. Mal als Ratsherrin erwähnt (von der Militärregie-

          rung ernannt)

          -Kommission für Wohlfahrt und öffentliche Fürsorge

          -Kommission für das Schulwesen

1948 - 1952 : Ratsherrin (!) (17.12.48)

          - Wohlfahrtsausschuß

          - Schulausschuß

1952 - 1956 : Ratsherrin (!)

          - Hauptausschuß (= Verwaltungsausschuß)

          - Wohlfahrtsausschuß, Vorsitzende

          - Flüchtlingsrat

          - Jugendausschuß

1956 - 1960 : Ratsherrin (!)

          - Wohlfahrtsausschuß

          - Wohnungsausschuß, Vorsitzende (s. Protokoll 22.2.1957)

          - jugendwohlfahrtsausschuß

1961 - 1964 : Ratsherrin (!)

          - Wohlfahrtsausschuß, Vorsitzende

          - Jugendwohlfahrtsausschuß

          - Stadtflüchtlingsrat

26.9.1964   : Verleihung der Ehrenbürgerschaft der Stadt Münden

Tabellarischer Anhang

Die folgenden Daten sind den Berichten des Unterbezirks Göttingen der SPD und den Berichten über den 7. Frauentag 1929 und den 8. Frauentag 1930 des Unterbezirks Göttingen der SPD entnommen.
In den einzelnen Jahresberichten waren unterschiedliche Angaben für die gleichen Jahre. Für die Aufstellung der Tabellen wurde sich auf die Daten des jeweiligen Jahres aus dem gleichen Jahresbericht bezogen.

<u>Tabelle 1:</u> Frauenmitgliederbewegung in der SPD im Vergleich 1925 - 1932

	UB Göttingen	OV Münden	Krs.Münden	OV Einbeck	Krs. Einbeck
1925 I		140	145	67	67
II	578	140	144	65	71
III		132	137	69	69
IV		142	142	69	72
1926 I		128	132	67	63
II	577	126	133	59	63
III		127	132	62	62
IV		136	144	63	63
1927 I		124	137	67	76
II	792	119	131	65	65
III		113	125	69	76
IV		111	123/119 (1)	71	76/107
1928 I		108	119	84	107
II	971	111	119	85	109
III		120	127	88	113
IV		121	129/135	88	121/96
1929 I		120	137	65	96
II	960	119	133	62	92
III		117	138	83	109
IV		126	147	84	151
1930 I		124	145	84	149
II		122	143	118	176
III		122	144	125	184
IV		126	147	117	174
1931 I			152		190
II			158		211
III			160		243
IV			167		249
1932	1068 (2)	126 (2)	169 (2)	194 (2)	217 (2)

Tabelle 2: Mitgliedschaft von Frauen in der SPD in Prozenten (3)

	UB Göttingen	OV Münden	Krs.Münden	OV Einbeck	Krs.Einbeck	Deutsches Reich (3a)
1925	17,21	15,74	15,40	34,12	22,18	18,20
1926	17,52	24,24	16,07	37,00	23,70	20,10
1927	18,35	19,61	14,43	33,17	18,22	20,80
1928	16,09	20,75	14,95	37,95	22,48	21,20
1929	19,04	19,80	14,48	33,30	22,37	21,20
1930	17,13	19,35	14,14	40,09	23,61	22,00
1931			15,57		28,75	23,00
1932	20,80 (4)	19,30 (4)	16,50 (4)	40,00 (4)	27,40 (4)	

Tabelle 3: Mitgliederstand der SPD 1925 - 1932 (jeweils am 31.12. des betreffenden Jahres) getrennt nach Frauen und Männern

	UB Göttingen		OV Münden		Krs.Münden		OV Einbeck		Krs.Einbeck	
	w	m	w	m	w	m	w	m	w	m
1925	578	2780	142	760	142	780	67	132	72	242
1926	577	2715	136	425	144	752	63	108	63	203
1927	735	3276	111	450	119	789	71	133	76	341
1928	792	4141	121	462	135	768	88	145	121	417
1929	971	4127	126	510	147	868	84	173	151	524
1930	960	4643	126	525	147	892	117	175	174	565
1931					167	903			249	617
1932	1068	4065	126	484	169	890	194	314	217	847
							117	(5)		(5)

Tabelle 4: Beitragsmarken im Verhältnis Frauen : Männer 1925 - 1931

	1925 w.Mitgl.	%	m.Mitgl	%	1926 w.Mitgl.	%	m.Mitgl	%	1927 w.Mitgl.	%	m.Mitgl	%
Krs.Münden I	1446	10,0	7056	9,0	1106	8,4	4604	6,6	1472	10,7	5955	8,4
II	1996	14,0	7951	11,0	1205	9,0	5012	7,1	1575	12,0	5918	8,6
III	1662	12,0	8397	10,8	1437	11,0	6026	9,0	1288	10,3	6303	9,0
IV					1176	8,1	5393	7,3	1460	11,9	7097	9,7
zus	5104	12,0	23404	10,3	4924	9,1	21035	7,5				
OV Münden I	1381	10,0	4014	9,0	1054	8,2	2940	7,0	1370	11,0	3690	8,7
II	1944	13,9	5182	12,0	1132	9,0	3182	7,5	1441	12,0	3528	8,3
III	1280	9,7	3384	7,9	1363	10,7	3944	9,2	1155	10,2	3801	8,9
IV					1102	8,1	3202	7,5	1285	11,5	3907	8,7
zus	4605	11,2	12580	9,9	4651	9,0	13268	7,8				
Krs. Einbeck I	712	10,6	2565	10,5	29	14,2	782	7,0	636	7,0	2570	7,8
II	517	7,3	2627	9,0	854	8,2	2214	6,5	584	6,5	2935	10,6
III	560	8,0	1754	9,0	305	5,0	1215	7,0	819	7,0	3319	10,3
IV					605	9,6	2239	11,0	523	11,0	3224	9,4
zus	1789	8,6	6936	9,5	1793	9,2	6450	7,9				
OV Einbeck I	712	10,6	1488	10,7	440	6,6	510	3,7	619	9,3	1039	9,3
II	461	7,3	964	7,0	414	7,0	863	7,3	584	9,0	1122	9,7
III	496	8,0	978	7,4	305	5,0	516	5,0	737	10,6	1359	10,8
IV					605	10,0	1255	11,6	451	6,3	921	6,9
zus	1669	8,3	3430	8,4	1764	9,2	3144	7,9				

		1928				1929				1930				1931			
		w.Mitgl.	%	m.Mitgl	%	w.Mitgl.	%	m.Mitgl	%	w.Mitgl.	%	m.Mitgl	%	w.Mitgl.	%	m.Mitgl	%
Krs.Münden	I	1396	11,7	6482	9,5	1513	11,2	7519	9,5	1643	11,3	8594	9,8	1473	9,7	6239	6,8
	II	1421	11,9	7051	10,0	1299	9,7	7195	9,3	1454	10,2	7952	9,3	1620	10,3	6562	7,0
	III	1547	12,1	7512	10,6	1782	12,9	8518	10,9	1470	10,2	7912	9,0	1551	9,7	6031	6,6
	IV	1368	0,6	7082	9,2	1470	10,0	8252	9,5	1621	10,0	7541	8,4	1483	8,9	5315	5,9
	zus																
OV Münden	I	1314	12,1	4008	9,7	1354	11,3	4630	10,1	1466	11,8	5519	10,9				
	II	1329	12,0	4411	10,4	1146	9,6	4172	9,3	1277	10,4	5151	10,1				
	III	1445	12,0	1709	11,0	1495	12,7	5000	11,1	1312	10,8	4809	9,3				
	IV	1235	10,2	4400	9,5	1265	10,0	4776	9,4	1428	11,3	5059	9,6				
	zus																
Krs. Einbeck	I	819	7,6	4176	11,0	1340	14,0	4436	11,3	1752	11,8	5725	10,0	1792	9,4	3842	6,8
	II	817	7,5	3792	10,4	1098	12,0	4311	10,6	1503	10,6	5426	9,5	1630	7,7	4315	5,8
	III	1022	9,0	3754	9,7	1076	9,8	4504	10,9	1450	10,9	4993	8,6	2056	8,5	4505	6,2
	IV	810	6,7	3917	9,4	1281	8,5	4824	9,2	1681	9,4	5062	9,0	2442	9,8	3129	5,1
	zus																
OV Einbeck	I	719	8,5	1468	10,5	990	15,3	1536	13,4	980	11,7	1993	11,2				
	II	617	7,2	1435	10,0	772	12,4	1443	11,5	992	8,4	1846	10,4				
	III	732	8,3	1318	8,9	796	9,2	1446	11,2	953	8,0	1393	7,4				
	IV	511	5,8	1219	8,4	786	9,0	1175	6,7	1279	9,7	1889	10,6				
	zus																

Tabelle 5: Übersicht über die weiblichen Mitgliederbewegung in der SPD (im Vergleich zur Gesamtmitgliederbewegung) 1919 - 1931 (6)

Jahr	alle Mitgl.	Frauen
1919	1.012.299	207.000
1920	1.180.208	207.000
1921	1.221.059	192.485
1922	1.174.105	?
1923	1.261.072	130.000
1924	940.078	148.125
1925	844.495	153.693
1926	823.529	165.492
1927	867.671	181.541
1928	937.381	198.771
1929	949.306	201.000
1930	1.037.384	118.278
1931	1.008.953	230.331

Tabelle 6: Mitgliederbewegung in der SPD getrennt nach Frauen und Männern im Vergleich 1946 - 1949

		1946 (7)		1947		1948		1949	
		w	m	w	m	w	m	w	m
UB Göttingen	I	569	5560	1475	19677	2379	13311	2047	11768
	II	735	6883	1776	14467	2412	13308	1980	11225
	III	1039	8581	1853	11724	2238	12622	1874	10719
	IV	1288	9671	2213	12834	2181	12360	1736	10223
OV. Münden	I	62	344						
	II	80	529						
	III	103	593						
	IV	113	622	163	701	193	795	212	664
Krs.Münden	I	78	540	150	1208				
	II	98	818	176	1300				
	III	127	1011	189	1339				
	IV	144	1150	238	1483	247	1509	274	1351
OV Einbeck	I	64	164						
	II	76	213						
	III	84	276						
	IV	90	286	201	424	203	394	185	341
Krs.Einbeck	I	86	484	163	984				
	II	110	582	267	1112				
	III	128	809	277	1137				
	IV	140	866	294	1234	287	1243	246	1002

Tabelle 7: Frauenmitgliederbewegung der SPD 1946 - 1949 (im Verhältnis zur Gesamtbewegung)

	1.3.46	31.12.46	31.12.47	31.12.48	31.12.49
UB Göttingen	9,28 %	11,75 %	14,7 %	15,0 %	15,0 %
OV Münden	15,27 %	15,3 %	18,8 %	21,5 %	24,0 %
Krs.Münden	12,62 %	11,11 %	13,8 %	15,2 %	16,8 %
OV Einbeck	28,07 %	23,93 %	23,1 %	34,0 %	35,2 %
Krs.Einbeck	15,08 %	13,91 %	19,2 %	18,7 %	19,7 %

Tabelle 8: Berufliche und soziologische Gliederung der weiblichen Mitglieder der SPD 1947 (Unterbezirk: 2213 weibliche Mitglieder) (8)

1. Berufe

Arbeiter : Industriearbeiter 101
Handwerksarbeiter 15
Landarbeiter 32
Sonstige 58

zus. 206

Ange stellte : Technische Angestellte 6
Kaufmänn. Angestellte 74
Gemeinde/Staat 18
Post/Bahn 6
Sonstige 29

zus. 133

Beamte : Lehrer 9
Post/Bahn 1

zus. 10

Freie : Architekt 1
Arzt 1
Künstler 5
Sonstige 10

zus. 17

Haus frauen : 1781

Selbststän-
dige   : Handwerker   5

             Handelstreibende   6

             Bauern, Landwirte   3

             Sonstige   9

             zus.   23

Sonstige   : Schüler/Studenten   11

             Ohne Beruf oder Stand 21

             Verschiedene   11

             zus.   43

2. Alter

		m	w	zus.
bis 30 J.	:	(1571)	453	(2024)
31 - 40 J.	:	(2558)	602	(3160)
41 - 50 J.	:	(3822)	567	(4389)
51 - 60 J.	:	(2965)	412	(3377)
über 60 J.	:	(1918)	179	(2079)
zus.	:	(12834)	2213	(15047)

3. Länge der Parteizugehörigkeit

		m	w	zus
bis 3 J.	:	(8338)	1835	(10173)
3 - 25 J.	:	(2786)	274	(3060)
über 25 J.	:	(1710)	104	(1814)

4. Alteingesessene/Zugereiste Mitglieder

alt	:	(9417)	1416	(10833)
ausgebombte/ evakuierte	:	(945)	227	(1172)
Flüchtlinge	:	(2472)	570	(3042)

Als Abkürzungen wurden verwendet:

UB = Unterbezirk der SPD

OV = Ortsverein der SPD

Krs. = Kreisverein der SPD

Anmerkungen:

1. Jahresende laut Bericht des 7. Frauentages in Osterode 1929

2. Nach dem Bericht der SPD-Unterbezirk-Konferenz in Göttingen, März 1947

3. Errechnet nach den Zahlenangaben der Geschäftsberichte des Unterbezirks Göttingen der SPD 1925 - 1930

3a.Thönnessen, a.a.O., S. 162

4. Prozentangaben laut Bericht der SPD-Unterbezirk-Konferenz in Göttingen, 14. März 1947

5. Zahlenangaben nach Koch, a.a.O., Anhang, Tab. 5a/b

6. Nach W. Thönnessen, a.a.O., S.162, Tab. 5

7. Für 1946 fanden sich die Angaben in einem Bericht der Unterbezirk-Konferenz der SPD in Göttingen am 14. März 1947

8. Laut Jahresbericht 1947 der SPD, Unterbezirk Göttingen

Literaturverzeichnis

1. Archivmaterialien

Rathaus Einbeck, hier Ratsprotokolle 1945 - 1966

Stadtarchiv Einbeck, hier: Zeitungen

Stadtarchiv Hann. Münden, hier: Zeitungen

Stadtarchiv Göttingen, hier: Zeitungen

Stadtdirektor Hann. Münden: Niederschrift der öffentlichen Ratssitzung der Stadt Münden am 26.9.64, Tagesordnungspunkt: Verleihung der Ehrenbürgerschaft an Sophie Werzeiko

Zeitungsartikel zur Ehrenbürgerschaft von S. Werzeiko

Todesanzeigen von S. Werzeiko (gest. 19.12.1975)

Protokollbuch über die Sitzungen der Städtischen Kollegien zu Münden 1922 - 1930, 1931 - 19.5.1933 (2 Bde, handschriftlich)

Protokollbuch über die Sitzungen des Rates der Stadt Münden 1945 - 1972

Sozialamt der Stadt Hann. Münden: Akten der Stadt Münden betr. Arbeiterwohlfahrt 1947 - 1955, Abt. VII, Abschn. 1

Abt. XIX, Abschn. 1, Nr. 2, Beschluß der Kommission für Wohlfahrt und öffentliche Fürsorge vom 19.8.1946

Archiv der Sozialen Demokratie, Bonn hier: Zeitungen, Material zur Agitation von Frauen für die SPD

Material zur Arbeiterwohlfahrt

Berichte des SPD-Unterbezirks Göttingen 1925 - 31, 1947 - 49

Archivmaterial in Privatbesitz

M. Kaldauke (Münden): 2 Exemplare Frauenwelt 1932 (15.10./11.6.)

Mitgliedsbuch der Sozialistischen Arbeiterjugend 1920

Kassenbuch der Arbeiterwohlfahrt 1947

Konzept einer Rede für den Wahlkampf 1948

Photographien

Brief an F. Kaldauke vom 18.6.24 betr. Sozialistische Arbeiterjugend

Otto Werzeiko (Münden): Photographien

A. Jünemann (Einbeck): SPD-Wahllisten von 1961 und 1964 (Gemeindewahlen)

Photographien

Dankesbrief einer Bürgerin an A. Jünemann 1959 (2.12.)

Dankesbrief des Arbeiterwohlfahrt-Kreisausschusses an A. Jünemann zum 50. Geburtstag

Artikel aus Einbecker Presse und Einbecker Morgenpost zur Bürgermeisterwahl von Frau A. Jünemann 1959, 1964, zum 65. Geburtstag 1964, zum Rücktritt 1968, zur goldenen Hochzeit 1970

Sozialprisma. Monatszeitschrift der Arbeiterwohlfahrt 19 (1974) Nr. 4: Das Porträt des Monats Auguste Jünemann

Marianne Neumann (Einbeck):Photographien

Gerda Eisfeld (Einbeck):Photographien

Geschäftsstelle der Arbeiterwohlfahrt Einbeck, Baustr. 24:Zeitungsausschnitte

Joseph Hofer (Münden): Mündener Volksblatt 12.10.32, 6.3.32, 17.10.32, 24.10.32, 27.10.32, 4.11.32

2. Befragungen

Hann. Münden,Marie Kaldauke: 4.10.1977, 12.10.1977, 13.3.1978
Dr. Hans Kellner (Göttingen): 10.10.1977
weitere Informationen von: Karl Barke, Hans Heise, Otto Werzeiko, Karl Dimmel

Einbeck,Auguste Jünemann: 31.10.1977, 30.11.1977, 7.3.1978
Marianne Neumann: 31.10.1977, 7.3.1978
Marie Riemenschneider/IrmtraudBünger: 22.11.1977
Gerda Eisfeld: 8.12.1977, 7.3.1978
weitere Informationen von: Käte Wedekind, Karl Schlüter (Duderstadt)

Hildesheim,Elfriede Denecke: 4.4.1981

3. Zeitungen und Zeitschriften

Volksblatt, Göttingen 1920, II. Halbjahr, 1924 - 1932 (Stadtarchiv Göttingen)

Volksblatt, Hann. Münden 12.10.32, 6.3.32, 17.10.32, 24.10.32, 27.10.32,4.11. 32 (Privatbesitz Joseph Hofer, Hann. Münden)

Mündensche Nachrichten 1919 - 1933, 1949 - 1952, 28.9.64 (Stadtarchiv Münden)

Mündener Tageblatt 19.11.1929, 13.3.1933 (Stadtarchiv Hann. Münden)

Die Genossin Informationsblätter der weiblichen Funktionäre der sozialdemokratischen Partei Deutschlands, Berlin/Vorwärts 1926,1927 (3,8), 1928 (9), 1929 - 1932, Jg. 10 - 1947 (5-15/16),48 (1-10), 49

Gewerkschaftliche Frauenzeitung Einzelexemplare aus den Jahren 1915 - 1933

Die **Frauenwelt** 1924 - 1933 (Archiv der sozialen Demokratie, Bonn)

Göttinger Presse 28.9.64

Mündener Allgemeine 28.9.64, 21.11.75

GT 28.9.64 (Akte: Ehrenbürgerschaften des Stadtdirektors Hann. Münden)

Einbecker Tageblatt 1919 - 1920, 1933 (Stadtarchiv Einbeck)

Hannoversche Presse Ausgabe Northeim-Einbeck 1949 - 1950 (Stadtarchiv Einbeck)

Die **Neue Zeit** 1919 - 1923 (Seminar für Mittlere und Neuere Geschichte, Göttingen)

4. Geschäftsberichte, Jahresberichte, Protokolle, Reden

Parteivorstand der SPD (Hrsg.) Jahrbuch der Deutschen Sozialdemokratie, 1926 und 1927

Nachlaß von **Felix Kraft**: Bericht über die in den Monaten Oktober, November, Dezember 1945 geleistete Arbeit (Archiv der sozialen Demokratie, Bonn)

Ollenhauer, Erich: Rede an die deutschen Frauen am 25. Juni 1947, Hannover, o.J.

Protokolle der SPD-Parteitage: Berichte über die Frauenkonferenzen der SPD 1919 - 1931, 1948

Protokoll des X. Gewerkschaftskongresses des ADGB: vom 30.6. bis 5.7.1919 in Nürnberg

Protokollbuch über die Sitzungen des Rates der Stadt Einbeck: 1945 - 1968 (Rathaus der Stadt Einbeck)

Protokollbuch über die Sitzungen der städt. Kollegien zu Münden: 1922 - 1930, 1931 - 19.5.32 (2 Bde., handschr.) (Stadtdirektor Hann. Münden)

Protokollbuch über die Sitzungen des Rates der Stadt Münden 1945 - 1972 (Stadtdirektor Hann. Münden)

Rede v. Marie Juchacz auf der sozialdemokratischen Reichskonferenz 5./6. Mai 1920 ("Einigkeit, nicht Selbstzerfleischung")

Richtlinien der Arbeiterwohlfahrt beschlossen auf der Reichskonferenz am 19. September 1959 in Wiesbaden, Bonn 1959

Schlüter, Karl: Die ersten 50 Jahre Arbeiterwohlfahrt des Ortsvereins Duderstadt 1924 - 1974 (Broschüre aus Privatbesitz von K. Schlüter, Duderstadt)

Schuhmacher, Kurt: Grundsätze sozialistischer Politik. Rede auf dem 1. Nachkriegsparteitag der SPD am 9.5.1946 in Hannover

SPD-Unterbezirk Göttingen: Geschäftsberichte 1925 - 31 (Archiv der sozialen Demokratie, Bonn)

SPD-Unterbezirk Göttingen: 7. Frauentag 1929; 8. Frauentag 1930 (Archiv der sozialen Demokratie, Bonn)

SPD-Unterbezirk Göttingen: Unterbezirk-Konferenz 14.3.1947 in Göttingen (Archiv der sozialen Demokratie, Bonn)

SPD-Unterbezirk Göttingen: Jahresberichte 1947 - 1949 (Archiv der sozialen Demokratie, Bonn)

Vorstand der SPD (Hrsg.): Die Frauen in der Politik und im Beruf, o.O., o.J. (1928), 80 S.

Vorstand der SPD (Hrsg.): Praktische Winke für die sozialdemokratische Frauenbewegung 1919, 1921 von Marie Juchacz

Vorstand der SPD (Hrsg.): SPD-Jahrbuch 1946, 1947, 1948/49, 1950/51

Vorstand der SPD (Hrsg.): Referentenmaterial 2 zur Agitation unter den Frauen, Berlin, o.J. (1924)

Hrsg. von der **SPD**: Weißt du schon? Leipzig, o.J. (1927), 28 S.

5. Sekundärliteratur

Schriften der führenden Sozialdemokratinnen in der Weimarer Republik zur Frauenfrage

Blos, Anna (Hrsg.): Die Frauenfrage im Lichte des Sozialismus, Dresden, 1930

dies. : Die Geschichte der sozialdemokratischen Frauen Deutschlands, in: ebenda, S. 7 ff

Bohm-Schuch, Clara: Willst du mich hören? Wachruf an unsere Mädel. Hrsg. vom Hauptvorstand des Verbandes der Soz. Arbeiterjugend Deutschlands, Berlin 1925, 16 S.

Frauenstimmen aus der Nationalversammlung: Beiträge der sozialdemokratischen Volksvertreterinnen zu den Zeitfragen, Berlin 1920, 8o S.

Geyer, Anna: Die Frau im Beruf, in: Blos, Anna (Hrsg.), S. 187 ff

Geyer, Anna: Die Frauenerwerbstätigkeit in Deutschland, Jena 1924, 109 S.

Hanna, Gertrud: Frauenarbeit und internationales Arbeitsamt, Berlin 1930

Juchacz, Marie/**Heymann,** Johanna: Die Arbeiterwohlfahrt. Voraussetzungen und Entwicklung, Berlin 1924

Dies.: Die politische Erziehung der Frauen in der sozialdemokratischen Partei, in: Die Frau 36 (1928/29), S. 262 ff

Reitze, Johanna: Das Recht der Frau. Die Sozialdemokratie im Kampfe um die wirtschaftliche und soziale Stellung der Frau. Referat auf dem Parteitag der sozialdemokratischen Partei Deutschlands in Augsburg 1922, Berlin, Dietz, 1922

Schöfer, Sophie: Sozialistische Frauenarbeit in der Gemeinde, Stuttgart/Berlin 1921

Schreiber, Adele: Die Sozialdemokratin als Staatsbürgerin, in: Blos, Anna (Hrsg.), S. 163 ff

Zeitschriftenaufsätze aus der Zeit der Weimarer Republik

Bernhard, Margarete: Die Frauen im politischen Leben, in: Zeitschrift für Politik 19 (1930), S. 142 ff

Beyer, Hans: Die Frau in der politischen Entscheidung. Eine Untersuchung über das Frauenwahlrecht in Deutschland. Soziologische Gegenwartsfragen 2. Heft, Stuttgart 1933

Hartwig, Dr.: Wie die Frauen im Deutschen Reich von ihrem politischen Wahlrecht, in: Allgemeines Statist. Archiv 17 (1928), S. 497 ff

Lehmann, Henni: Die Frauen und die Partei. Nachtrag zum Kasseler Parteitag, in: NZ 1921, S. 335 ff

Dies.: Die Görlitzer Frauentage, in: NZ 1922, S. 87 ff

Dies.: Die Frauenfrage auf dem Augsburger Parteitag, in: NZ 1923, S. 12 ff

Lumma, E.: Zur Stimmabgabe der Frauen, in: Die Frau 36 (1928/29), S. 412 ff

Mattutat, Hermann: Das Frauenwahlrecht und die Reichstagswahlen, in: Der Firn. Sozialistische Rundschau H. 22, Berlin 1924, S. 3

Neumann, Ernst Wilhelm: Die Frauenerwerbsarbeit, in: NZ 1921, S. 603 ff

Ders.: Sozialdemokratie und Frauenerwerbsarbeit, in: NZ 1923, S. 119 ff

Panitz, K.: Wie wählen die Frauen! in: NZ 1921, S. 232 ff

Richter, Paul: Die Frau in der Kommunalpolitik, aus: Die Gemeinde. Halbmonatsschrift für sozialistische Arbeit in Stadt und Land, Jg. 9, 1932, H. 6

Schneider, Max: Frauen an der Wahlurne. 14 Jahre Frauenwahlrecht in Deutschland, in: Die Gesellschaft 10 (1933) H. 1, Berlin, S. 69 ff

ders.: Die deutsche Wählerin, in: dass. 4 (1927) H. 10, S. 364 ff

Schöfer, Dr. Sophie: Die Frauen und das neue Parteiprogramm, in: NZ 1921, S. 599 ff

Siemsen, Anna: Die Frauenwahlen, in: Sozialistische Monatshefte 34/67. Bd. (1928/II), S. 573 ff

Simon, Helene: Sozialismus und Wohlfahrtspflege, in: Die Arbeiterwohlfahrt, Oktober 1926 (Berlin)

Wachenheim, Hedwig: Internationale Arbeiterwohlfahrt, in: Internationale freie Wohlfahrtspflege, Berlin 1930

Dies.: Reichstags- und Landtagswahlen und die Wohlfahrtspflege, in: Die Arbeiterwohlfahrt Nr. 9/1928, S. 257 ff

Dies.: Vorschläge zur Schulung unserer Mitarbeiter Winter 1928/29, in: Die Arbeiterwohlfahrt Nr. 18/1928, S. 563 ff

Zepler, Wally: Die erste Periode der politischen Mitbestimmung der Frau in Deutschland, in: Sozialistische Monatshefte 26 (1920,1) 54, S. 590 ff

Zurbuhlen, H.: Wahlbeteiligung und Stimmabgabe der Frauen, in: Die Frau 36 (1928/29), S. 76 ff

Literatur zur Frauenfrage

Bremme, Gabriele: Die politische Rolle der Frau in Deutschland. Eine Untersuchung über den Einfluß der Frauen bei Wahlen und ihre Teilnahme in Partei und Parlament, Göttingen 1956

Dertinger, Antje: Hilfe, die nicht niederdrückt, in: Sozialdemokrat Magazin, Dez. 1977, S. 23 ff

Jahrbuch der Arbeiterwohlfahrt der Stadt Berlin e.V., Berlin 1950

Lemke, Lotte: 50 Jahre Arbeiterwohlfahrt, Berlin 1969

Lion, Hilde: Zur Soziologie der Frauenbewegung. Die sozialistische und die katholische Frauenbewegung. Schriftenreihe der Akademie für soziale und päd. Frauenarbeit in Berlin, H. 2, Berlin 1926

Lossef-Tillmanns, Gisela: Frauenemanzipation und Gewerkschaften (1800 - 1975), Diss. (ms), Bochum 1975

Monat, Anneliese: Sozialdemokratie und Wohlfahrtspflege. Ein Beitrag zur Entstehungsgeschichte der Arbeiterwohlfahrt, Stuttgart 1961

Roehl, Fritzmichael: Marie Juchacz und die Arbeiterwohlfahrt, Hannover 1961

Thönnessen, Werner: Frauenemanzipation. Politik und Literatur der deutschen Sozialdemokratie zur Frauenbewegung 1863 - 1933, Frankfurt a. Main 1976

Literatur über Münden und Einbeck

Breuermann, Arnold: Hannoversch Münden. Das Lebensbild einer Stadt, Bremen 1951

Feise: Die Erwerbsverhältnisse in Einbeck, in: Die Stadt Einbeck, hrsg. unter Mitwirkung des Magistrats der Stadt Einbeck, Hannover 1926

Grebing, Helga: Zur Problematik der personellen und programmatischen Kontinuität in den Organisationen der Arbeiterbewegung in Westdeutschland 1945/46, in: Herkunft und Mandat. Beiträge zur Führungsproblematik in der Arbeiterbewegung. Schriftenreihe der Otto-Brenner-Stiftung 5, Frankfurt/Köln 1977

Hoffmann, Walter: Die Mündener Wirtschaft von Heute und ihre Möglichkeiten von Morgen. in: Hann. Münden. Brevier einer schönen Stadt, Hann. Münden 1950

Keyser, Erich (Hrsg.): Niedersächsisches Städtebuch, Stuttgart 1952

Koch, Eberhard: Die Geschichte der SPD in Einbeck und Uslar. Von den Anfängen bis zum Wiederaufbau der lokalen Organisationen nach 1945. Eine vergleichende Studie, Examensarbeit (ms), Göttingen 1976

Der Landkreis Münden: Hann. Münden 1966

Lotze, Wilhelm: Geschichte der Stadt Münden, München 1878

May, Erwin: Hann. Münden und Umgebung, Hann. Münden 1973

Plümer, Erich: Der Landkreis Einbeck. Geschichte und Gegenwart, Einbeck 1971

Das Porträt des Monats: Auguste Jünemann, in: Sozialprisma. Monatsschrift der Arbeiterwohlfahrt 19 (1974), Nr. 4, S. 4/II

Sittig, U.: Geschichte der Stadt Münden, Hann. Münden 1932

Schuhmann, Wilhelm: Ihr seid den dunklen Weg für uns gegangen ... Skizzen aus dem Widerstand in Hann. Münden 1933 - 1939, Frankfurt/M. 1973

Thom, Jürgen: Die Geschichte der SPD in Münden, Examensarbeit (ms), Göttingen 1974

Utermöhlen, Bernd: Mittelschichten und Nationalsozialismus in Hann. Münden. Die Radikalisierung der Mittelschichten in einer Kleinstadt am Ende der Weimarer Republik, Examensarbeit (ms), Göttingen 1977

Weit, Otto: Die Reichstagswahl vom 31.7.1932 in Hann.Münden, (ms), Hann. Münden 1974

Statistiken, Handbücher, Überblicke

Abendroth, Wolfgang: Aufstieg und Krise der deutschen Sozialdemokratie, Frankfurt/M. 1969

Eberlein, Helga: Die Presse der Arbeiterklasse und der sozialen Bewegungen. Von den 30er Jahren des 19. Jahrhunderts bis zum Jahr 1967, Frankfurt/M. 1968

Grebing, Helga: Geschichte der deutschen Arbeiterbewegung, München 1961

Handbuch des Vereins Arbeiterpresse, 4. Folge, 1927

Kaden, Albrecht: Einheit oder Freiheit. Die Wiedergründung der SPD 1945/46, Hannover 1964

Klöcher, Dr. Alois: Der erste preußische Landtag. Ein Handbuch für die preußischen Landtagswahlen und den Landtag, Hrsg. vom Landessekretariat der preuß. Zentrumspartei, Berlin 1921

Schwarz, Max: Mitglieder des Reichstages. Biographisches Handbuch der Reichstage, Hannover 1965

Statistik des Deutschen Reiches (hrsg. vom Statistischen Reichsamt), Bd. 455, Berlin 1936; Bd. 401, Berlin 1926; Bd. 332, Berlin 1921

Frauen im Kampf um ihre Gleichberechtigung
Ein Nachwort

Politische Arbeit "vor Ort", Geschichte von unten wird für Historiker zunehmend interessant und wichtig. Die Rolle und Bedeutung von Frauen in diesem Bereich wurde jedoch bisher kaum zur Kenntnis genommen. Christl Wickert trägt mit ihrer Arbeit zur Behebung dieses Defizits bei. Auf einen kleinen Bereich begrenzt, zeigt sie an Einzelfällen exemplarisch, daß politische Arbeit nicht geschlechtsneutral gesehen werden kann, daß weit mehr und völlig andere Widerstände überwunden werden müssen, wenn Frauen versuchen, ihre Vorstellungen politisch durchzusetzen, als wenn Männer einen solchen Versuch unternehmen. Die Arbeit von Wickert liefert einen Maßstab zur Bewertung unseres heutigen Standortes: Wo haben wir seit 1919 Fortschritte erzielen können, welche Forderungen sind nach wie vor unerfüllt?

Frauen in der Gesellschaft heute

Vor allem traditionelle Rollenvorstellungen haben sich für Frauen auch in der SPD immer wieder als großes Hindernis ausgewirkt. Wie in der Weimarer Republik, so war auch nach dem Zweiten Weltkrieg der absolute Vorrang der Familie für den Lebensplan der Frau weitgehend unumstritten. Nachdem Frauen im Krieg und in den ersten Nachkriegsjahren die Wirtschaft als Arbeitnehmerinnen aufrechterhalten hatten, räumten sie - als die Männer zurückkamen - ihre Arbeitsplätze und kehrten mehr oder weniger freiwillig in die Familie zurück. Die konservative christdemokratische Familienpolitik der 50er Jahre untermauerte die vorherrschende Auffassung von der natürlichen Rolle der Frau als Hausfrau und Mutter.

Trotz des engagierten Eintretens einzelner Männer und Frauen für die rechtliche und materielle Gleichstellung von Mann und Frau und trotz der verfassungsmäßigen Festschreibung dieses Gleichheitsgrundsatzes in Art. 3 Abs. 2 des Grundgesetzes wurde nicht einmal die rechtliche Gleichstellung zügig vorangetrieben.

Erst mit der Studentenbewegung der 60er Jahre und dem Beginn der sozialliberalen Koalition 1969 begann eine neue breite Diskussion um die Gleichstellung der Frau. Insbesondere der Kampf um den straffreien Schwangerschaftsabbruch wurde zu einer echten Frauenbewegung, in deren Gefolge autonome Frauengruppen und traditionelle Frauenorganisationen weitgehende Forderungen erhoben. Gleichzeitig reformierte die sozialliberale Koalition Schritt für Schritt die Gesetze, die immer noch dem Verfassungsgebot der Gleichberechtigung widersprachen. Besondere Bedeutung kommt hierbei dem Gesetz zur Reform des Ehe- und Familienrechts von 1976 zu. Dieses Gesetz beseitigte zumindest de jure die alte gesetzlich vorgeschriebene Arbeitsteilung in der Familie, wonach die Frau vorrangig den Haushalt zu besorgen hatte, der Mann hingegen einer außerhäuslichen Arbeit nachgehen sollte, um das Familieneinkommen zu sichern. Es übertrug in Übereinstimmung mit dem Grundgesetz beiden Ehepartnern die Zuständigkeit für die Haushaltsführung und sprach beiden ausdrücklich die Berechtigung zur Erwerbstätigkeit zu. Damit war auch die verheiratete Frau in der Lage, ohne Einwilligung des Ehemannes einem Beruf nachzugehen. Tatsächlich beschleunigte diese Gesetzgebung nur eine Entwicklung, die sich bereits angebahnt hatte: Frauen waren nicht länger bereit, die vorgeschriebenen Rollen anzunehmen, sie wollten selbständig sein, sie wollten sich gesellschaftlich betätigen.

Das zeigte sich vor allem auch an der Veränderung des Erwerbsverhaltens. Im Gegensatz zu den Männern, bei denen zwischen 1972 und 1979 die Erwerbsquote im erwerbsfähigen Alter (15 - 65 Jahre) weiter deutlich fällt, steigt bei Frauen die Quote erkennbar um 1,9 % zwischen 1971 und 1979 an, und zwar von 30,2 % auf 32,1 %. Die Quote für verheiratete Frauen steigt im selben Zeitraum von 36,2 % auf 40,1 %. Dies ist umso bemerkenswerter, als Frauen ebenso wie Männer die besseren Bildungs- und Ausbildungsmöglichkeiten nutzen und daher für die jüngeren Jahrgänge die Erwerbsquote drastisch gesunken ist. Dabei ist jedoch zu bedenken, daß das geänderte Erwerbsverhalten der Frauen seit 1974 mit wachsenden konjunkturellen Schwierigkeiten zusammenfällt; Schwierigkeiten, die dazu geführt haben, daß Frauen mehr als doppelt so häufig arbeitslos werden wie Männer, daß die Arbeitsangebote für Frauen völlig unzureichend sind und daß viele Frauen deshalb ihren Wunsch nach Berufstätigkeit nicht erfüllen können.

Die hierzu früher häufig angeführte Begründung der generell schlechteren Ausbildung von Frauen trifft jedoch längst nicht mehr zu. Bis Anfang der 70er Jahre hatten Frauen im Durchschnitt eine schlechtere Allgemeinbildung als Männer und in der Regel eine schlechtere oder gar keine Berufsausbildung. Betrachtet man die Erwerbstätigen, so liegt die allgemeine Bildung der Frauen aber mittlerweile erheblich über der der Männer. So haben z.B. 27,5 % der männlichen, aber 38,7 % der weiblichen Arbeitnehmer im Alter von 15 - 30 Jahren eine weiterführende Schule abgeschlossen (Realschulabschluß, Abitur, Fachhochschulreife). Diese Frauen erleben jedoch ständige Benachteiligungen im Arbeitsleben. Sie haben nicht den gleichen Zugang zu Ausbildungsplätzen und schon gar nicht zu Arbeitsplätzen mit Aufstiegschancen.

Auch die bereits in der Weimarer Zeit erhobene Forderung nach gleichem Lohn für gleiche Arbeit ist von ihrer Verwirklichung noch weit entfernt. Nach kürzlich vorgelegten Zahlen des nordrhein-westfälischen Arbeits- und Sozialministeriums beträgt der durchschnittliche Stundenlohn einer Arbeiterin zur Zeit DM 11,32 gegenüber DM 15,59 bei den Arbeitern. Angestellte stehen nicht wesentlich besser da; ihr durchschnittlicher Monatsverdienst liegt bei DM 2.437,--, während ihre männlichen Kollegen im Durchschnitt mit DM 3.764,-- im Monat entlohnt werden.[1]

Einige Voraussetzungen zur Durchsetzung der Gleichstellung - vor allem die weitaus bessere Ausbildung und die größere Selbständigkeit aufgrund eigener Berufstätigkeit bei einem großen Teil der Frauen - haben sich seit 1919 deutlich verbessert. Von einer Umsetzung des Verfassungsgebots in gesellschaftliche Wirklichkeit kann jedoch noch nicht die Rede sein.

Frauenbeteiligung in Partei und Parlament

In den Traditionellen Organisationen und Parteien sind Frauen auch heute noch unterrepräsentiert. Dennoch nimmt ihr Anteil in allen Parteien ständig zu. Dies gilt vor allem für die SPD: Anfang 1982 hatte die SPD mit 223.645 weiblichen Parteimitgliedern einen Frauenanteil von 23,4 % (1970: 17,3 %). Ein Drittel aller neu eingetretenen Mitglieder sind Frauen.

Auch das Wahlverhalten der Frauen hat sich erstaunlich verändert. Während seit Beginn der Weimarer Republik Frauen in ihrer Mehrzahl "bürgerliche" Parteien wählten, änderte sich dies im Verlauf des letzten Jahrzehnts, in der Bundestagswahl 1980 wählten Frauen überwiegend Sozial-demokraten. Den Stimmen der Frauen kam, absolut gesehen, bei der Bundestagswahl 1980 größere Bedeutung zu als denen der Männer. Die gültigen Stimmen (ohne Briefwahlstimmen) wurden zu 46,7 % von Männern und zu 53,3 % von Frauen abgegeben. Unter den Wählern aller vier im Bundestag ver-tretenen Parteien sind die Frauen in der Mehrzahl, und zwar liegt ihr Anteil bei der CDU mit 53,0 % unter dem Durchschnitt, bei der CSU entspricht er mit 53,3 % genau dem Durchschnitt und bei SPD und FDP geht er mit 53,8 % bzw. 54,1 % über den Durchschnitt hinaus. Bei den nicht im Deutschen Bundestag vertretenen Parteien lag der Anteil der männlichen Wähler mit 56 % weit über dem Durch-schnitt, bei der DKP betrug er 61,2 % und bei den Grünen 53,9 %. Dieses Ergebnis ist in verschie-dener Hinsicht erstaunlich: zum ersten Mal seit Bestehen der Bundesrepublik haben Frauen in stärkerem Maße als Männer die SPD gewählt. Auch das für das Ergebnis der Wahl bedeutsame Zweit-stimmenergebnis untermauert die oben dargestellte Tendenz: 1976 haben 43,6 % der männlichen und 43,1 % der weiblichen Wähler ihre Zweitstimme der SPD gegeben; 1980 betrug der Anteil der SPD bei den Männern 43,1 % und bei den Frauen 43,9 %. Die CDU/CSU erhielt 1980 44,2 % der männlichen und 43,7 % der weiblichen Zweitstimmen; 1976 hatten noch 47,2 % Männer und 48,8 % Frauen die CDU/CSU gewählt.

Die im Wahlkampf mit dem Vorwurf verfehlter Familienpolitik von der CDU/CSU erzeugte Angst uzm die Sicherheit der Renten schlug bei den Frauen offensichtlich nicht durch. Die außerordentlich großen finanziellen Wahlversprechungen dieser Parteien an die Frauen, insbesondere die Hausfrauen, wurden entweder nicht ernstgenommen oder die CDU/CSU hat die Adressatengruppe über-schätzt. Auf jeden Fall hat sie nicht erreichen können, von einem überwiegenden Teil der Haus-frauen, um die sie sich ja im Wahlkampf besonders bemüht hatte, gewählt zu werden. Die Tatsache, daß Hausfrauen vorrangig SPD gewählt haben, könnte unter anderem damit zusammenhängen, daß sie sich mit ihrer Rolle nicht länger identifizieren können und eine Veränderung anstreben. Bei all diesen Betrachtungen ist zu bedenken, daß der Anstieg des Frauenanteils bei der SPD ebenso wie der Rückgang der Frauenstimmen für die CDU/CSU sehr kontinuierlich stattgefunden hat. Diese Ent-wicklung verstärkte sich mit dem deutlichen Einsatz der sozialliberalen Koalition für die Gleich-stellung der Frau. Als weiterer Einflußfaktor kommt die starke Resonanz der Friedensbewegung unter den Frauen hinzu.

Der Frauenanteil unter den Mandatsträgern, den öffentlich gewählten Vertretern auf örtlicher Ebene, in den Ländern und auf der Bundesebene liegt weit unter dem Wähleranteil, aber auch weit unter dem Anteil der weiblichen Parteimitglieder. Im Durchschnitt sind Frauen mit ca. 6 % in deutschen Landtagen vertreten. Ähnlich sieht die Vertretung in den kommunalen Parlamenten aus. In Gemeinden ab 20.000 Einwohnern sind rund 12 % der Ratsmitdlieder Frauen. In Großstädten ab 100.000 Einwohnern besetzen Frauen ca. 15 % der Ratssitze. Die geringe Vertretung von Frauen in kommunalen Parlamenten wiegt besonders schwer, weil hier in aller Regel die Erfahrungen gesammelt werden, die notwendig sind, um sich erfolgreich um eine Kandidatur für ein Länderparlament oder den Bundestag bewerben zu können. Vielleicht hat nicht zuletzt aus diesem Grund der Anteil von Frauen im Deutschen Bundestag nie ein Zehntel erreicht, obwohl immer mehr Frauen wahlberechtigt waren als Männer. Tatsächlich muß man feststellen, wenn man die Zahlen aus der Weimarer Republik hinzunimmt, daß es seit der Einführung des aktiven und passiven Wahlrechts für Frauen 1919 keinen Fortschritt in ihrer Vertretung in den deutschen Nationalversammlungen gegeben hat. Während 1920 der Anteil der Frauen im Reichstag 7,7 %, 1933 3,8 % betrug, begann der Deutsche Bundestag 1949 mit 7,1 % Frauen, erreichte den höchsten Anteil mit 9,2 % 1957 bis 1961 und schloß die 8. Wahlperiode 1976 - 1980 mit einem Frauenanteil von 7,3 %. In den 9. Deutschen Bundestag wurden 1980 8,3 % Frauen gewählt.

Ein kleiner Fortschritt ist immerhin zu vermerken: Die Verdoppelung der Kandidatinnen für den Deutschen Bundestag von 1972 bis 1980 von 292 auf 594 Kandidatinnen läßt sich als Anzeichen für das gestiegene Selbstbewußtsein der Frauen interpretieren. Dabei ist interessant, daß das Alter der Kandidatinnen 1980 bei SPD, FDP und bei den Grünen im wesentlichen der Altersstruktur der männlichen Bewerber entspricht. Nur bei der CDU und CSU ist das Alter der Bewerberinnen deutlich höher als das der Bewerber. Da jahrelang Politikerinnen im Durchschnitt älter waren als Politiker, weil sie in der Regel erst politisch tätig wurden, nachdem die Kinder das Haus verlassen hatten, könnte man aus der Verjüngung der Kandidatinnen auf eine Veränderung weiblichen Verhaltens schließen. Frauen scheinen ihre Zuweisung ausschließlich zur Familie nicht länger hinzunehmen.

Bemerkenswert ist allerdings, daß der Anteil der Frauen im Europäischen Parlament, das 1979 gewählt wurde, erheblich höher liegt. Bei einem Besamtanteil von 16,8 % Frauen bringen es einzelne Mitgliedsstaaten des Europäischen Parlaments bis zu 33,3 % Frauen (unter den bundesrepublikanischen sozialdemokratischen Europaabgeordneten sind 20 % Frauen). Will man nicht unterstellen, daß Frauen in dieses Parlament gewählt wurden, weil Männer die Aufgabe nicht für wichtig genug hielten, dann muß man das Wahlsystem hinterfragen. Es ist nicht uninteressant festzustellen, daß in den der Bundesrepublik vergleichbaren europäischen Ländern, in denen andere Formen des Verhältniswahlrechts gelten, der Anteil der Frauen in den Parlamenten erheblich höher ist, so in Dänemark 23,5 %, in Norwegen 23,9 % (1977) und in Schweden 22,6 % (1976).

Abgesehen von möglichen Benachteiligungen von Frauen durch unser Wahlsystem oder andere formale Regelungen bleibt das tradierte Rollenverhalten von Männern wie Frauen ein wesentliches Handicap: Der Kampf von Frauen um Mandate - angefangen von der kommunalen Ebene bis zu den Landesparlamenten und dem Bundestag - ist besonders langwierig, kräftezehrend und häufig zermürbend. Denn eine Frau, die sich um ein Mandat bewirbt, muß in der Regel eine Vielzahl von Hürden überspringen, die ihren männlichen Kollegen garnicht erst im Wege stehen. Frauen haben häufig nicht die kontinuierliche Berussozialisation und -Erfahrung, die die persönliche Durchsetzungsfähigkeit in der Auseinandersetzung um Ämter wachsen läßt. Können sie darauf zurückgreifen, so engt die Doppelbelastung durch eine Familie sie häufig zeitlich und kräftemäßig so sehr ein, daß ihre Durchsetzungsfähigkeit gegen Männerkonkurrenz von daher eingeschränkt ist. Trauen sie sich als Hausfrauen die nötige Durchsetzungskraft zu, so fehlt oft das Geld, das Telefon oder das eigene Auto, um mithalten zu können. Schaffen Frauen trotz dieser Nachteile den Sprung etwa in den Stadtrat, so kommen sie in der Regel in Ausschüsse der "typischen Frauenressorts". Bewirbt sich eine Frau aus diesem an sich schon schmalen Reservoir um die Kandidatur für ein Landtags- oder Bundestagsmandat, so wird sie in Befragungen mit einer Mischung aus Fragen in die Zange genommen, die zu beantworten ihr die vorherige Zuweisung zum Frauen- und Familienbereich schwierig macht und den Fragen, an die sich jede Betroffene als leidvolle und zornigmachende Benachteiligung erinnert: Wo läßt Du denn Deine Kinder? Daß es auch die Kinder ihres Mannes sind, kommt den meist männlichen

Fragern nicht in den Sinn. Vor diesem Problem stehen auch Frauen, die in der SPD ihre Vorstellungen verwirklichen wollen, obwohl diese Partei die Gleichberechtigung seit etwa 100 Jahren auf ihre Fahnen geschrieben hat und obwohl sie nach wie vor von Frauen bevorzugt als politische Heimat gewählt wird. Dieses Engagement findet aber keine Entsprechung in den Funktionen, die die Partei zu vergeben hat: Von den Delegierten zum Bundesparteitag waren 1979 rund 14 %, 1982 etwa 11 % Frauen; im 40-köpfigen Parteivorstand kommt den 6 Frauen fast nur eine Alibifunktion zu und in der Bundestagsfraktion machen Frauen nur etwas mehr als 8 % der Abgeordneten aus.

Auf der Ebene der Bezirke, Unterbezirke und Ortsvereine sieht die Siutation nicht besser aus. Stellvertretend sei hier der Bezirk Westliches Westfalen genannt (wobei in vielen anderen Bezirken eher mit kläglicheren Ergebnissen zu rechnen ist, da der genannte Bezirk, im Gegensatz zu anderen, rechtzeitig seinen Gleichstellungsbericht ablieferte). Danach sind in Kreistagen und Stadträten nur 7,6 % der SPD-Abgeordneten Frauen, in Bezirksvorständen sind sie zu 9,5 % vertreten, in Unterbezirksvorständen zu 12,8 % und lediglich 4,3 % der Ortsvereinsvorsitzenden sind Frauen.

Die Ungeduld einer immer größer werdenden Zahl von Frauen, die sich auf eine lange Bilanz der Errungenschaften und der "objektiven" Gründe für ihre Nichtbeteiligung nicht mehr einlassen wollen, weil sie fürchten, darin mit viel Verständnis für die Macht des Gegebenen stecken zu bleiben, hat noch eine andere wesentliche Seite: Die Frage nach den Inhalten und den Formen von Politik. Sie hängt mit den Beteiligungsmöglichkeiten von Frauen eng zusammen. Durch den geschilderten Prozeß des "Aufstiegs" in der Partei werden Frauen einem Ausleseverfahren unterworfen. Wer übrigbleibt, ist mehr als andere dazu fähig, in den männlich geprägten Strukturen der Partei und der politischen Institutionen zu arbeiten. Ihre Zahl ist jedoch zu klein, daß sie zwar punktuell Frauenpolitik machen und mit einer Partei, in der die Einsicht für Gleichheit und Selbstbestimmung größer ist als in anderen Parteien, Einzelmaßnahmen verwirklichen können. Sie können aber die Formen der politischen Arbeit nicht verändern. Sie können auch die emotionalen Strukturen der "Männerwelt" nicht korrigieren. Der Rücktritt der Familienministerin Antje Huber hat erstmals mit mehr öffentlicher Wirkung als bei ihren Vorgängerinnen unter den zurückgetretenen oder entlassenen Ministerinnen ein Schlaglicht auf die Situation der einzigen Frau im Kabinett geworfen. Es war Marie Schlei, die aus bitterer eigener Erfahrung bei dieser Gelegenheit die Rolle solcher Frauen und ihre Schwierigkeiten bei der Akzeptanz durch die Männerwelt der Politiker, der Journalisten und der männlich geprägten öffentlichen Meinung skizziert hat: "Wer da gescheitert ist, müßte genauer untersucht werden; ist es nicht unsere männerbestimmte Gesellschaft, die mit dazu beiträgt, daß eine Frauenleistung noch immer unter Wert gehandelt wird? Alle drei durch Rücktritt aus dem Amt geschiedenen Familienministerinnen, Käthe Strobel, Katharina Focke und jetzt Antje Huber haben durchaus politische Zielsetzungen verwirklicht ... Unsere Repräsentationsformen sind andere als die der Männer. Die Menschen gucken aber überhaupt nicht auf den Schmerbauch eines Politikers oder seine seltsamen Töne, die er von sich gibt, seine paschahaften Manieren; aber sie gucken sofort auf die Frisur, auf die Kleidung einer Frau und bewerten das erst einmal vordergründig...".[2]

Wir sind an einem neuen Punkt der Entwicklung der Beteiligung von Frauen in der Partei wie in gesellschaftlichen Institutionen angelangt. Diejenigen, die den weiten Weg durch die Institutionen gegangen sind und diejenigen, die sich beteiligen wollen, dies aber unter den gegebenen Mechanismen nicht können oder wollen, treffen sich in derselben Ungeduld. Politik als die Lösung gesellschaftlicher Probleme ist ein Feld, auf dem Frauen nicht einfach quantitativ Anteil erobern wollen. Sie wollen ihre Probleme und Haltungen einbringen und sie fordern zunehmend, daß nicht nur sie sich ändern müssen, um den Zugang dazu zu finden, sondern daß sich die Formen, in denen Politik gemacht wird, ebenfalls ändern müssen. Natürlich ist dies nicht nur ein Problem der Frauen. Grüne und Alternative, Friedens- und Umweltbesorgte zeigen, daß zunehmend auch Männer den Druck der eingefahrenen Institutionen und ihrer Lösungsmuster als phantasielos, ja gefährdend empfinden. Jugendliche sind uns darüber soweit zum Problem geworden, daß eine Studie die andere jagt, in der mit den mühseligen Mitteln der Wissenschaft herausgefunden werden muß, was denn eigentlich die Vorstellungswelten von Eltern und Kindern trennt. Gerade die Breite des Spektrums der Betroffenen läßt die Vermutung zu, daß wir Änderungen wirklich bewirken werden.

Wie steht es aber vor diesem Hintergrund der Ungeduld mit dem, was wir für Frauen durchgesetzt haben? Sicher, all dies liegt im Trend der hochindustrialisierten westlichen Gesellschaften, wie

schon vielfach beschrieben. Insofern ist es dumm, wenn Edmund Stoiber oder Norbert Blüm, beide
unterschiedlich subtil in ihrer Beschwörung von Zukunftsangst und Geborgenheitssehnsucht, sozialdemokratische Politik für diese Entwicklung verantwortlich machen. Dumm wäre also auch die Um-
kehrung, den Fortschritt im frauenpolitischen Bereich nur an die SPD-Fahnen heften zu wollen.
Allerdings, von nichts kommt nichts. Eine Bilanz der großen frauenpolitischen Reformen zeigt, daß
sie immer unter sozialdemokratischer Federführung verwirklicht worden sind. Das begann nach 1945
mit der Formulierung des Artikels 3 des Grundgesetzes. Der Kampf Elisabeth Selberts ist typisch
für den Ablauf: Es sind Frauen in der SPD, die die Initiative aus einem hohen Maß an Betroffenheit als Frauen ergriffen haben. Sie haben aber auch gegen ersten Widerstand dann doch in der SPD
genügend Unterstützung gefunden, so daß die konservativen Widerstände überwunden oder begrenzt
werden konnten.

Die ASF hat in den 10 Jahren ihres Bestehens in dem Freiraum, den die eigenständige demokratische Organisierung ermöglicht, eine breite Programmatik für Frauen entwickelt. Unter dem
Stichwort der "Vereinbarkeit von Beruf und Familie" hat sie in ihren eigenen Reihen in jahre-
langer Diskussion Leitvorstellungen entwickelt. Dabei war von Anfang an klar, daß die Einzel- und
Teilmaßnahmen, die dieses Konzept ausmachen, nicht auf die Schublade "Frauenpolitik" begrenzt
bleiben können. Es war auch klar, daß die so notwendigen unmittelbaren Schritte zur Verbesserung
der Situation von Frauen, auch der Hausfrauen, nicht schon alles sein können: Erhöhung des
Kindergeldes, tatsächliche Gleichstellung im Ehe- und Familienrecht, Verbesserung der Renten-
situation von Frauen besonders auch durch Anerkennung von Kindererziehungszeiten. In einer
Partei, auf deren Fahne seit Beginn die Forderung nach Emanzipation und Chancengleichheit für
alle gestanden hat, muß Frauenpolitik über die Verwirklichungsmöglichkeiten des Tages hinausge-
dacht werden. Die Vorstellungen, die in den letzten zehn Jahren entwickelt und zu einem programmatischen Zusammenhang verdichtet wurden, sind dabei keineswegs abstrakt. Sie spiegeln die
Betroffenheit der Frauen, die sich damit auseinandergesetzt haben.

Leitgedanke ist der Rollenwandel für Frauen und Männer. Beide sollen sich im Beruf, in der
Familie und in der Gesellschaft nach ihren Möglichkeiten, Fähigkeiten und Bedürfnissen verwirklichen können, ohne an die Schranken ihrer Geschlechtsrolle zu stoßen. Die drastische Ver-
kürzung der täglichen Arbeitszeit für alle, die Verbesserung der familienergänzenden und -ent-
lastenden Maßnahmen sind Mittel, um den gesellschaftlichen Rahmen dafür zu schaffen. Die gegen-
wärtige strukturelle Wirtschaftskrise zeigt, daß das, was von den Frauen unter dem Apekt ihrer
unmittelbaren Bedürfnisse gefordert wird, auch von Männerinteressen her vernünftig ist: Die Um-
verteilung von Arbeit, die Humanisierung des Arbeitslebens. Solche programmatischen Vorstellungen
können nicht mit einem Schlag verwirklicht werden. Den Frauen in der SPD - und hier vor allem der
ASF als ihrer aktivsten Gruppe - ist es gelungen, die Programmatik der Partei in all den
Bereichen, die hier berührt sind, wesentlich zu beeinflussen. Das gilt für den Orientierungs-
rahmen '85, der 1975 verabschiedet wurde. Das gilt für das gültige familienpolitische Programm
des Hamburger Parteitages von 1977. Das gilt auch für die gesamte Problematik der Stellung der
Frau im Arbeitsleben, zuletzt konkretisiert in den Beschlüssen des Münchner Parteitages von
1982.[3)]

Wenn auch im einzelnen oft mühevolle Auseinandersetzungen in Kauf genommen werden mußten, so
ist es den Frauen in der Partei letztlich doch gelungen, den Freiraum der Eigenorganisation zu
nutzen, um die Zielvorstellungen der SPD bestimmend zu beeinflussen.

Glaubwürdigkeit und Ehrlichkeit verlangen von uns, die Bedingungen, unter denen Frauen in der
Partei arbeiten, nicht zu vernebeln. Im Gegenteil, wir müssen sie wirklich durchschaubar machen:
Uns selbst, den Frauen außerhalb (besonders den enttäuschten) und den Männern in der Partei. Nur
was wir begreifen, können wir bewußt ändern. Sicher wird noch oft, wenn wir dies mit Männern
diskutieren und Männer sich der Diskussion über die Beteiligung von Frauen stellen, der Stau der
Enttäuschungen und der diskriminierenden Erfahrungen losbrechen. Das müssen die Männer ertragen
lernen. Wir wollen nicht mit der Summe unserer Erfolge aufwarten, als wären die Niederlagen
dagegen aufrechenbar. Wir sollten wegen der Grenzen unseres Handelns aber auch nicht verzweifeln.
Denn die Motivation, als Frau in der SPD zu arbeiten, ist nicht Mangel an Mut zu Neuem oder die
Macht der Gewohnheit. Der SPD kann auch nicht generell Unbeweglichkeit unterstellt werden. Sie
ist, und davon haben Frauen in den 120 Jahren seit ihrer Gründung profitiert, die Partei der
Emanzipation der vielen, in der die lange Erfahrung von gesellschaftlichen und institutionellen

Machtkämpfen aufbewahrt ist. Ohne Häme, eher mit Trauer kann festgestellt werden, daß auch die neuen Bewegungen werden lernen müssen, daß Spielräume für Reformen enger sind, als sie manchmal von außen aussehen; daß ökonomische Daten auch den Aktionsraum für Frauenpolitik begrenzen; daß die ökonomisch-sozialen Schranken der Gesellschaft Machtfragen sind, die nicht durch guten Willen und Empörung eingerissen werden; daß neben den ökonomisch-sozialen Schranken kulturelle Normen bestehen, die nicht mit Gesetzen verändert werden können. Diese Hinweise sollen nicht Engagement und Hoffnung dämpfen. Sie sollen nicht die Utopie dem Realitätsprinzip opfern. Sie sollen erklären, warum gerade politische Erfahrung in und mit der SPD dazu führt, auch weiterhin in dieser Partei zu arbeiten. Vor uns liegt vieles, was wir erst noch erreichen müssen. Wir wissen, daß dazu neue Durchsetzungsstrategien notwendig sind. Wir müssen in unserer Partei viel verändern, um mehr Frauen die Beteiligung zu ermöglichen. Unsere Konsequenz ist nicht Resignation, sondern der Aufruf zur Mitarbeit. Denn wären wir mehr, so wären wir stärker.

Inge Wettig-Danielmeier

Vorsitzende der Arbeitsgemeinschaft
sozialdemokratischer Frauen (AsF)

Göttingen, im Januar 1983

Anmerkungen

1) Frankfurter Rundschau vom 11.1.1983
2) Interview von Marie Schlei im WDR am 3.4.1982. Zitiert nach der
   Bonner Rundschau vom 14.4.1982
3) siehe dazu die Dokumentation "Frau und Gesellschaft - Dokumente - Nr. 17"
   Hrsg. Parteivorstand der SPD / AsF, 1982